SUPER MTG

スーパー・ミーティング

THE SURPRISING SCIENCE OF MEETINGS

STEVEN G. ROGELBERG

ノースカロライナ大学シャーロット校 教授
スティーヴン・G・ロゲルバーグ

桜田直美［訳］

サンマーク出版

サンディ、サーシャ、ゴードンにたくさんの愛を。
この3人とのミーティングなら、私はどこへでも駆けつけるだろう。

はじめに　サイエンス領域で「ミーティング」を研究する

ミーティングそれ自体に問題があるわけではない。むしろ、ミーティングは組織やチームにとって欠かせない存在だ。

ミーティングがなければ、組織の民主主義は成り立たない。メンバーを巻き込み、参加を促すこともできない。メンバーの賛同も、コミュニケーションも、チームへの帰属意識も、チームワークも、協力関係も、団結も、すべてが不可能になってしまう。

ここで問題にしているのは、いわゆる**「悪いミーティング」**であり、**「不必要なミーティング」**だ。この本は、そんなミーティングにまつわる問題を解決する手助けになることを目指している。

ミーティングはとにかく時間を食う。個人の時間も、組織の時間も奪われる。

最近の試算によると、**アメリカでは一日に5500万回のミーティングが行われている**という。出席者の時給で換算すると、すべてのミーティングにかかる費用は膨大な額になるだろう。実際に計算したところ、**年間で1兆4000億ドル**だ。**2014年におけるアメリカのGDPの実に8・2%**にもなる。

さらに付け加えれば、**ここまでの時間とお金を投資しているのに、たいしたリターンは得られていない**。企業の人事専門サイト「Salary.com」が職場での時間の無駄づかいについて調査を行ったところ、**回答者3164人のうち、実に47%の人が「ミーティングが多すぎる」ことがいちばんの時間の無駄づかいだと答えた**という。

無駄なミーティングによる損失を金額に換算すると、**年間で2500億ドル**になるという試算もある。この数字はかなり信用できるだろう。しかもこの数字には、無駄なミーティングによる〝間接的なコスト〟（従業員のストレスなど）は含まれていない。

ミーティングは「必要悪」か

悲しいことに、たいていの企業もリーダーも、無駄なミーティングは「必要悪」だと考えている。なぜなら、それ以外の方法を知らないからであり、たとえ新しい方法を試しても、効果が科学的に証明されたわけでもないので長続きしないからだ。

それに加えて、悪いミーティングはさらに悪いミーティングを生むという悪循環もある。

組織全体で、非効率的なことをするのが当たり前という空気ができあがってしまうのだ。

それらの要素が組み合わさり、誰もが「ミーティングとは無駄なものだ」と受け入れ、あきらめてしまう。ロンドンに雨が降るように、ビジネスには無駄なミーティングがつきもの、というわけだ。

しかし、ミーティングと天気は違う。雨を降らせなくすることはできないが、相手がミーティングであれば、その気になれば改善することができる。

私は15年以上にわたり、研究チームのメンバーとともにミーティングについての調査を行っている。**調査の対象は数千人の会社員で、彼らの勤める企業は数百社に及ぶ。そんな独自の調査に加え、大量の過去の調査や科学的なデータをもとにこの本を書き上げた。**

「学術論文」×「メガ企業分析」で使えるノウハウを導く

私がこの本で目指しているのは、**ミーティングに関する学術的な調査を、真に現場で生かせるノウハウに落とし込むこと**だ。

調査で会った人たちは、私のように社会学や組織科学を研究する大学の人間が、企業のミーティングの研究をしていると知って驚いていた。

たしかに意外な話かもしれないが、実際のところ、こういったミーティング研究は盛んに行われていて、数多くの専門誌の記事、学会のプレゼンテーション、書籍、論文、メディアの報道などに貢献している。

しかし、この本の読者にとってもっとも興味があるのは、「それが現場でどう生かせるのか」ということだろう。その点についても心配はいらない。**私たちの研究は、ミーティングの有効性を上げ、生産性を高める具体的な方法をいくつも生み出してきた。**

どんな組織であっても、これらの方法を活用することで、従業員のやる気を鼓舞し、組織全体の連帯感を高めることができるだろう。

本書では、各章ごとにミーティングにありがちな問題を取り上げ、科学的なエビデンスに基づく解決策を提案している。基本的な構成は、まず各章で取り上げる問題を詳しく検証し、それから具体的な解決方法を見ていくという流れだ。解決策の提案では、科学的なエビデンスに加え、グーグルやアマゾンなど最先端の企業のやり方も参照している。

研究の成果を「あらゆる話し合い」に役立てる

しかし、そもそもミーティングの定義は何だろう？　ミーティングの大きさは様々であり、その目的も千差万別だ。

本書は基本的に、組織で行われる「典型的なミーティング」を想定している。出席者は2人から15人くらいで、集まる目的は「メンバーの協調」「コミュニケーション」「意思決定」「モニタリング」などだ。

週一の定例ミーティングから戦略ミーティング、プランニングミーティング、作業部会ミーティング、問題解決ミーティング、ブレインストーミング、報告ミーティングまで、**あらゆる種類のミーティングをカバー**したつもりだ。

それに、厳密な意味でのミーティングでなくても、**「人間が集まって何かをする」という形式であれば、この本で学んだことが応用できる**と考えている。

合宿、社員研修、クライアントとの商談、町内会やPTAの会合など、2人以上の人間が集まり、何かを話し合ったり決めたりするという状況であれば、本書で学んだことが必ず役に立つ。すべての出席者の貴重な時間を有効に使い、それぞれの貢献に応えることのできる結果を出せるはずだ。

悪いミーティングは、出席者のエネルギーを奪い、組織を疲弊させる。

しかし、正しく行われたミーティングには、その正反対の力がある。人々のやる気を引き出し、やがては組織全体の空気をポジティブにすることができる。時間とお金の節約になることはいうまでもない。

よいミーティングはよい結果を生み、正しい意思決定がなされ、組織全体の生産性が向上する。働く人たちの満足度が上がり、組織への忠誠心が高まる。

そして、この本を読むあなた個人にとっての利益は、効果的なミーティングのスキルを身につけられることだ。「他者と協力して働くスキル」「人間関係を築くスキル」「他者の能力を引き出すスキル」「チームを勝利に導くスキル」は、今後のキャリアアップで大きな助けになってくれるはずだ。

逆にそれらのスキルを身につけてこなかった人は、ありがたくない多数派の仲間入りをして、無駄なミーティングばかり開いて組織の生産性を下げる犯人になってしまうだろう。

4章 48分間のミーティング

「1時間が最適」なんて誰が決めた？

5章 アジェンダ神話

「プラン」があればうまくいく？ とんでもない

6章 「人数」の科学

大きいことは悪いこと

7章 「マンネリ化」は不可避?

「席順」がもたらす無視できない影響

8章 「感情」が空気感染する

人は合理性より「空気感」で動く

9章 話し合いパラドックス

黙ったほうが「まともな案」が出る

10章　電話会議狂騒曲

「そこにいない人」とつつがなく打ち合わせする

ツール

装丁　井上新八
本文デザイン　荒井雅美（トモエキコウ）
DTP　山中央
編集協力　株式会社鷗来堂
編集　梅田直希（サンマーク出版）

第1部

科学が暴く ミーティングの真実

僕らは「会議」をわかっていない

1章 「ミーティングが多すぎる」

どこにでもある会社の、どこにでもいる社員の不満

グーグルで「20万件」以上ヒットする愚痴

ミーティングの研究をしているという話をすると、ほぼ例外なくミーティングの愚痴を聞かされることになる。愚痴は一般的に、次の4つのタイプに分類される。

①「ミーティングに出ても**やることがなくて座っているだけだ**」

②「悪いミーティングについて知りたかったら、**一日私の密着取材をするといいよ**」

③「うちの会社には『**ミーティングに関するミーティング**』まであるんだ」

④「**それならぜひうちの会社を研究してもらいたい**。非生産的なミーティングのモデルケ

ースのようなものだから」

雑誌やネット記事を見ても、ミーティングに関してはだいたい同じような見出しが並んでいる。

たとえば『ハーバード・ビジネス・レビュー』誌を開くと、「無駄なミーティング撃退法」という記事が目に飛び込んでくる。

ちなみに、「ミーティングが多すぎる（Too many meetings）」と入力してグーグルで検索してみると、**なんと20万件以上もヒットした。**

そこで、こんな疑問がわいてくる。

いったい世の中の人たちは、一日に平均してどれくらいのミーティングに出席して

グーグルで「会議の愚痴」を検索すると……

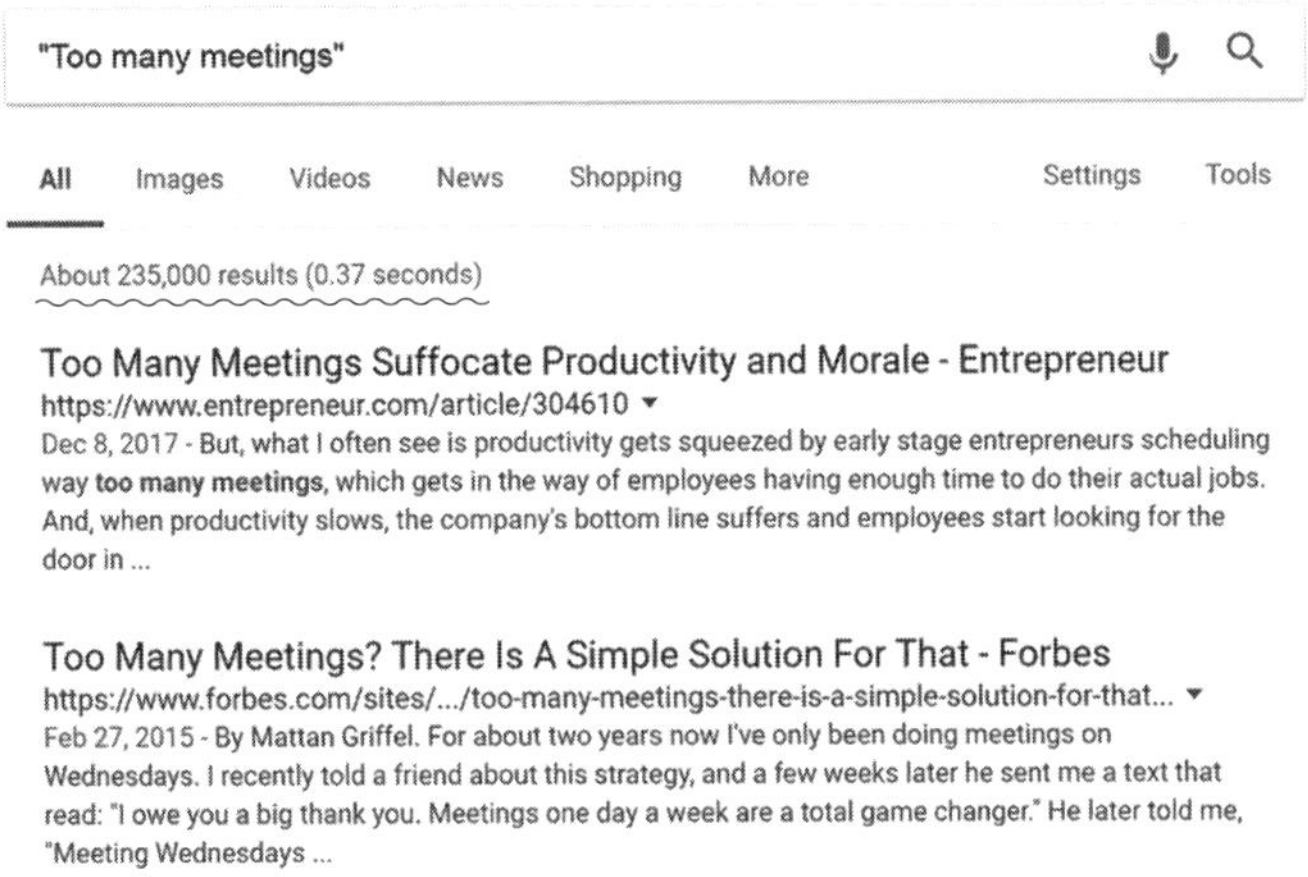
"Too many meetings"
All Images Videos News Shopping More Settings Tools
About 235,000 results (0.37 seconds)
Too Many Meetings Suffocate Productivity and Morale - Entrepreneur
https://www.entrepreneur.com/article/304610
Dec 8, 2017 - But, what I often see is productivity gets squeezed by early stage entrepreneurs scheduling way too many meetings, which gets in the way of employees having enough time to do their actual jobs. And, when productivity slows, the company's bottom line suffers and employees start looking for the door in ...
Too Many Meetings? There Is A Simple Solution For That - Forbes
https://www.forbes.com/sites/.../too-many-meetings-there-is-a-simple-solution-for-that...
Feb 27, 2015 - By Mattan Griffel. For about two years now I've only been doing meetings on Wednesdays. I recently told a friend about this strategy, and a few weeks later he sent me a text that read: "I owe you a big thank you. Meetings one day a week are a total game changer." He later told me, "Meeting Wednesdays ...

いるのだろうか？　その数は昔と比べて増えたのだろうか？

一日「5500万回」ミーティングが開かれる

とりあえず誰かにこの2つの質問をぶつけたら、前者に対しては「たくさん」、後者に対しては「もちろんだ」という単純な答えが返ってくるだろう。

しかしここでは、もっと詳細に検証してみたい。第一に、何かの数をかぞえたいなら、その何かをきちんと定義する必要がある。「ミーティングとは何か」を明確にすることで、全世界で発生しているミーティングの数をより正確に計測できるようになるはずだ。

そこで、次のように定義してみよう。

「仕事のミーティングとは、2人かそれ以上の従業員が、組織、またはグループの機能に関する内容のために集まることである」

機能に関する内容とは、具体的には「指示を出す」「情報を伝える」「統治する」「規制する」といったことが挙げられる。ミーティングの形態は、単一タイプ（出席者全員が対面で話す、など）と、複合タイプ（ほぼすべての出席者が対面で話し、一人だけ電話で出席するといった形式、など）がある。

たいていのミーティングは事前に予定が組まれ、公式にせよ、非公式にせよ、一人の出席者がリーダー役になる。ミーティングの長さは、5分で終わるごく短い場合もあれば、たっぷり丸一日かける場合もある。

ベライゾン、マイクロソフト、フューズといった企業が収集した、ミーティングに関するデータがある。ミーティングの調査でもっともよく参照されるデータだ。

ソフトウェア会社ルーシッド・ミーティングズ共同設立者のエリース・キースも、このデータを引用し、アメリカでは**たった一日の間におよそ5500万ものミーティングが行われている**と言っていた。

ちなみに、1976年に発行された『ハーバード・ビジネス・レビュー』を見てみると、アントニー・ジェイという人物が「アメリカで一日に行われるミーティングの数はおよそ1100万回である」と報告している。どうやらこの40年ほどの間で、ミーティングの数は激増したようだ。

CEOの時間の「60%」が会議

それでは、この5500万回という数字は、具体的にはどういう意味を持つのだろうか。

この数字を、いつもの職場にあてはめて考えてみよう。先ほど登場したエリース・キースの分析によると、**役職に就いていないいわゆる平社員の場合、平均して一週間に8回ミーティングに出席**している。マネジャー職になるとその数は12回だ。

もちろん、職種による違いもあり、ホワイトカラーはその他の職業に比べてミーティングが多くなる。

役職が上がるほど出なければならないミーティングが増え、トップの幹部になると、一日の大部分がミーティングで埋まっていることも珍しくない。

幹部層のミーティングに関しては、なかなか興味深いデータがある。

ロンドン・スクール・オブ・エコノミクス、コロンビア大学、ハーバード大学が共同で、CEOの時間の使い方に関する調査を行った。たとえば、イタリアのトップ企業を率いる

「州立大学総長」の一日

一日に出席するミーティング回数と時間の合計：7回、4時間45分	
午前8時～9時	直属の部下との定例ミーティング 首席補佐官も出席
午前9時～9時30分	別の直属の部下との定例ミーティング 首席補佐官も出席
午前9時30分～10時	さらに別の直属の部下との定例ミーティング 首席補佐官も出席
午前11時30分～12時	幹部2名と出席率に関して電話会議
午後1時～2時	監督委員会候補者とのミーティング
午後2時～3時	入学式のリハーサル
午後3時15分～3時30分	新センター長の人選を話し合うミーティング 出席者は3人

94人のCEOとインドの企業リーダー357人を対象にした調査によると、**CEOは労働時間の60%、企業リーダーは56%をミーティングに費やしている**という。

しかも、この数字に電話会議は含まれていない！

この数字を日々の仕事に落とし込むと、いったいどういうことになるのだろうか。

以前に私は、何人かの上級管理職を対象に、「典型的な仕事の一日」を調べたことがある。

その中から、ある一流州立大学の総長の答えを見てみよう。一日に出席するミーティングは平均7つで、合わせて5時間近くになるという。

ある大手NPOのCEOにも典型的な仕事の一日を答えてもらったところ、次ページのようにミーティングの数は8回で、所要時間はトータルで6時間半になった。

次に話を聞いたのは、食品と飲料を手がける超巨大グローバル企業の人事部トップだ。私と会った日も、本人によると典型的な仕事の一日だったという。ミーティングに費やした時間は6時間半になり、**議題のほとんどはこの先に開かれる重要な「ミーティングの準備」**だった。その重要なミーティングとは、セクター長も出席する「年に一度の後継者育成計画ミーティング」だ。

会議増加は「社内民主化」の裏返し

このように、どうやらたいていの職場ではしょっちゅうミーティングが行われているようだ。そして役職が上がるほど、出席しなければならないミーティングの数もおのずと増えていく。

ここでまた、「なぜこんなにたくさんミーティングがあるのか」という疑問がわいてくる。

なかにはリーダーの性格の問題だということもあるだろう。たとえば、自分で物事を決

「大手NPOのCEO」の一日

一日に出席するミーティング回数と時間の合計：8回、6時間30分	
午前9時30分～11時	エグゼクティブ・リーダーシップ・チームとミーティング（出席者10人）
午前11時～12時	訴訟の件で法律顧問とミーティング（出席者4人）
午後0時～0時30分	CFOとミーティング（出席者2人）
午後1時～1時30分	外部取締役の執行委員会と電話会議（出席者7人）
午後1時30分～2時	人事本部長とミーティング（出席者2人）
午後3時～3時30分	ラジオのインタビュー
午後4時～5時	国際コミュニケーション戦略と資金集めに関するミーティング（出席者6人）
午後5時30分～6時30分	全国紙記者とミーティング

「グローバル食品飲料企業人事部トップ」の一日

一日に出席するミーティング回数と時間の合計：6回、6時間30分	
午前8時～9時	セクター長が出席する後継者育成計画ミーティングの準備。出席者はビジネスリーダーと直属の部下3人
午前10時～11時	幹部評価プログラムの戦略を話し合うミーティング。出席者は直属の部下2人
午前11時～12時	セクター長が出席する後継者育成計画ミーティングについて、先ほどとは違うビジネスリーダーと話し合う（出席者は5人）
午後1時～2時	また別のビジネスリーダー5人と会い、セクター長が出席する後継者育成計画ミーティングについて内容を確認（出席者は6人）
午後2時30分～4時30分	さらに別のビジネスリーダー（営業本部長）に会って後継者育成計画ミーティングの準備（出席者は4人）
午後4時30分～5時	社外パートナーミーティング。人事異動プロジェクトについて社外戦略パートナーと電話会議（出席者は6人）

めたがらないリーダーや、まわりに向けて仕事をしているようにアピールしたがるリーダーは、ミーティングを好む傾向がある。

しかし、それだけでこの現象は説明できない。現代の組織や社会を取り巻く変化を読み解く必要がある。

現代の職場では、従業員がより積極的に意思決定に関わることが求められる。組織の生産性を上げ、激しい競争を生き抜くには、従業員のエンパワーメントやチームワークが前にも増して重要になったと考えられている。**そういった価値観を体現しているのが、ミーティングという存在**だ。

それと関連して、「組織の民主化」もかなりのレベルまで進み、トップダウンのマネジメントは昔ほど当たり前ではなくなってきている。**組織はヒエラルキーからフラットへと変化した。そういった時代の流れも、ミーティングの増加に貢献している。**

より多くの人の意見を聞くことや、話し合いを重視し、チームワークによってさらに大きな力を発揮することを目指すのが主流になってきた。社員の一人ひとりが当事者意識を持ち、チームとしてともに学び、ともに成長しようという考え方だ。

この章のはじめで言及した『ハーバード・ビジネス・レビュー』の記事で、ある製薬会社の幹部がこんなことを言っていた。

「わが社では、社員全員を巻き込む文化、チームとして学び、成長する文化を推進しています。**ミーティングが多すぎるという状況は、その取り組みにともなう税金みたいなもの**でしょう。個人的に、今の状況に不満はありません。ミーティングを減らす代償が独裁体制への逆戻りだというのなら、現状のほうを選びます。トップ以外は誰も意見を言わなくなり、社内の協力関係やコミュニケーションが激減するぐらいなら、もっとミーティングを増やしたほうがずっとましですよ！」

この点については次の2章でも見ていくが、私が目指しているのはただ単にミーティングを減らすことではない。**減らすべきなのは、「非効率的で、無駄なミーティング」**だ。

とはいえ、ミーティングのコストについて知っておくのはやはり重要だろう。ミーティングに費やされる時間やお金、労力は、はたしてどれくらいになるのか？　その投資に見合ったリターンは本当に得られているのだろうか？

総人件費の「15%」、米国GDPの「8・2%」にあたる会議コスト

ミーティングのコストを計算したいのなら、時間とお金の観点から考えるのがいちばんわかりやすいだろう。出席者一人ひとりについて、ミーティングに費やした時間にそれぞれの時給をかけて計算する。次に、その金額を全出席者で合計する。

たとえば、「部長クラスの社員7人が出席し、所要時間が1時間のミーティング」があったとしよう。出席者の平均年収が12万ドルとすると、時給はだいたい60ドルだ。時給60ドルの社員7人が出席し、1時間拘束されたのなら、かかったお金は60×7で「420ドル」ということになる。さらに、このミーティングが毎週行われるとするなら、1年でかかるお金は**「2万1000ドル」**になる。

次に、出席者の役職がさらに上がったケースで考えてみよう。

出席者は12人、所要時間は2時間、平均年収は24万ドル（時給にするとだいたい120ドル）なら、1回のミーティングでかかるお金はおよそ「2880ドル」だ。このミーティングが隔週で行われるとするなら、1年間でおよそ**「7万4880ドル」**の費用がかか

ることになる。

こうやって数字にするとよくわかるように、**出席者が増え、出席者の役職（時給）が上がり、所要時間が長くなると、ミーティングにかかる費用は劇的に増加する。**


さて次に、この問題を「企業」の視点から見てみよう。

たとえばゼロックスは、社員2万4000人を擁する製造開発部門を対象に、先ほどのような方法でミーティングにかかるお金を計算したことがある。その結果は、年間で**「1億40万ドル」**だった。この数字を別の角度から見てみると、**人件費の15％がミーティングに費やされている**ということになる。

そして最後に、社会的な観点から見てみよう。先に登場したエリース・キースの分析によると、**アメリカ全体でミーティングにかかるお金は1兆4000億ドルで、2014年のアメリカGDPの8・2％**になる。

これは「過小評価」した数字

さらに興味深いのは、**これらの数字がミーティングのコストを過小評価している**点だ。

考えられる第一の原因は、単純な年収だけをベースにしていて、社員それぞれにかかる福利厚生費などが含まれていないということ。さらには、ミーティングに使われる場所、設備、出席者の移動にかかる費用なども考慮されていない。

そして、おそらくもっとも重要なのは、**「悪いミーティング」にともなうコスト**がまったく勘案されていないということだろう。**非生産的なミーティングを行うと、各種の間接的なコストが発生する。**

まずは**「機会損失」**というコスト。ミーティングに使った時間を、もっと他の生産的な作業にあてられたかもしれない。ただ静かに座り、新しいアイデアについて考えるだけでも、無駄なミーティングに出席するよりはずっとましだ。

それに加えて、**「心理的なコスト」**という点も無視できない。無駄なミーティングに出席させられる社員は、やる気を失う、不満を募らせる、会社への忠誠心や帰属意識が低下するといった傾向がある。

そして最後に、**「ミーティング回復症候群」**とも呼ぶべき現象についても言及しておきたい。これは、**悪いミーティングに出席すると、心理的なダメージから回復するまでにある一定の時間を要する**ということだ。回復のプロセスにある間は、本人だけでなく、まわりの社員も愚痴を聞かされたり、八つ当たりの対象にされたりして、ネガティブな影響を受けることになる。

以上のような直接的なコストと間接的なコストをすべて考慮すると、ミーティングには膨大なコストがかかっていることがわかるだろう。ミーティングを一種のコミュニケーション・テクノロジーと考えるなら、**ミーティング関連費用は、組織内に存在する巨大な「隠れた費目」**ということになるのではないだろうか。

いずれにせよ、ミーティングほどの金食い虫は他に存在しないということだけは断言できる。それなのに、ミーティングの費用対効果となると、きちんと予算をあてて分析している企業はほとんど存在しない。

従業員の本音──「免許センターの長い列に並んだほうがマシ」

ミーティングの効果に関する科学的な研究は存在するが、その結果には大きな開きがある。たとえばある研究によると、ミーティングは出席者のやる気を著しく減退させ、チームも組織も疲弊することを示す確かな証拠が存在するという。

2005年、マイクロソフトは、4万人近くの会社員を対象に、働き方や生産性に関する調査を行った。それによると、**全世界では69%、アメリカ国内に限ると71%の会社員がミーティングは非生産的だと考えている**という。

また、2014年に「Salary.com」が「職場の時間泥棒は何か」というアンケートをとったところ、**「ミーティングが多すぎること」という回答がいちばん多かった。**具体的には、3164人の回答者のうち、47%がそう答えたという。

さらに2014年、世論調査会社のハリス・ポールが、プロジェクト管理会社クラリゾンの依頼で、2000人以上の会社員を対象にいわゆる「ステータスミーティング」に関する調査を行った。これは、作業の進捗状況を報告するために集まるミーティングだ。

調査の結果、回答者のほぼ5人に3人が、「ステータスミーティングの間は、話を聞きながら他の作業もしている」と答えたという。そして半数近くは、**「ステータスミーティングに出るくらいなら、免許センターの長い列に並んで待たされるほうがまし」**と答えた。全体では、回答者の35%が、ステータスミーティングは無駄だと考えているということになる。

こういったデータを見ると、ミーティングの立場は弱くなる一方だ。それに個人的な経験からいえば、セミナーなどで企業幹部から聞いた話も、この結果を裏づける内容だった。

たとえば、私はセミナーの席で、「ミーティングで使う時間の何%が無駄だと思いますか?」という質問をするようにしている。それから私が「10%、20%」というふうに数字を上げていき、自分の感覚と一致する数字のところで拍手をしてもらう。

拍手がいちばん大きくなるのは、いつも決まって「50~70%」のところだ。南米、アジア、ヨーロッパ、北米の各地でセミナーを行ってきたが、結果はどこも同じだった。

上役は真逆の「いい評価」を下す

とはいえ、**「ミーティングはそれほど悪くない」というデータもたしかに存在する**。通信大手のベライゾンが、「ミーティングのヘビー出席者」を対象に行った調査を見てみよう。ミーティングの生産性に関する質問では、39ページの図に示すように、先ほどとは違ってかなり前向きな答えが返ってきている。

それに、私が1000人以上の従業員とマネジャーを対象に、ミーティングの全般的な質について調査を行ったときも、ベライゾンの調査とだいたい同じような結果になった。

会議価値を「簡単な式」で数字にする

すべての調査結果の平均が「本当の答え」だとしたら、評価はどちらかといえばマイナスになるだろう。

とはいえ、「有益なミーティングだった」という経験がそれなりに存在することも事実だ（出席者が「有益だった」と感じられるのは、ミーティングの運営に長けたリーダーの功績も大きいだろう）。

いずれにせよ、ミーティングは有益であるというデータもたしかに存在するが、全体としては次の2点に集約される。

①ミーティングは「改善の余地」が大いにある

②「ミーティングへの不満」は数え切れないほどある

それに加えて、ミーティングに関する様々な調査を見てみると、共通する問題点（「い

ベライゾンが「ミーティングのヘビー出席者」に行ったアンケート結果	
きわめて生産的だ	22%
とても生産的だ	44%
どちらかといえば生産的だ	27%
それほど生産的ではない	6%
まったく生産的ではない	1%

1000人以上の従業員・マネジャーを対象に行ったアンケート結果	
とてもよい〜きわめてよい	17%
よい	42%
よくも悪くもない	25%
悪い〜とても悪い	15%

つも同じ人が仕切っている」など）がいくつも浮かび上がってくる。

それはともかく、ここでいちばん大切なのは、あなた自身がどう感じているかということだ。あなた自身や、あなたの組織にとって、ミーティングはどれくらいのリターンを生み出しているだろうか？　私が作成した「ミーティング価値評価」を参考に、自分が直接関わっているミーティングのリターンを計算してみよう。


本書の巻末で、ミーティングを正しく評価し、問題点を改善する様々なツールを紹介している。そのうちの1つが、**「ミーティング価値評価：無駄な時間指数の計算式」**だ。この計算式を使うと、ミーティング中に「ネガティブな出来事」が発生する時間が、全体のどれくらいを占めているのか割り出すことができる。

評価では、以下のシーンや基準を用いる。

①ミーティングの準備
②ミーティングの評価：時間
③ミーティングの評価：人間関係
④ミーティングの評価：議論
⑤ミーティング後

それぞれの評価を計算式にあてはめ、最終的に「無駄になったミーティングの投資」を算出する。別の言葉で表現するなら、この数字は**「無駄な時間指数」**ということになるだろう。

巻末の計算式を参考に、自分のミーティングの「無駄な時間指数」を計算してみよう。結果が出たら、次の評価を読んでもらいたい。

・0～20％
かなり生産性の高いミーティング。改善の余地はあるが、「平均より上」であることは間違いない。

・21～40％
有益なこともあるが、無駄に終わることも多い。かなりの時間が浪費されている。改善の必要はかなりあるが、悲しいことにこれが「世の中の平均値」だ。

・41％以上
平均を大きく下回る深刻な状況。大幅な改善が求められる。

ミーティングに関する調査結果からわかるのは、どの組織も日常的にミーティングを行っているということだ。生涯で出席するミーティングの時間を合計すれば、おそらく何年もの長さになるだろう。

そしてミーティングのリターンの平均値から考えると、**その貴重な時間の大半が無駄になっている**ということになる。まさに危機感を持つべき状況だ。

次の章では、よりよいミーティングに到達するための道筋と、その根拠を見ていこう。

POINT

世の中の会議は「問題だらけ」

❶「ミーティングに費やされる時間」は増えている。特に役職が上がるほど、出席しなければならないミーティングは多くなる。実際の数字は組織や個人によって異なるが、**全般的に、ミーティングは仕事人生のかなりの時間を占める**ということは理解しておきたい。

❷ミーティングに費やされる時間は、巨額のお金に換算できる。ある試算によると、

その額は**アメリカ一国の社会全体で１兆４０００億ドル**にもなる。ただしこの数字には「機会損失」や「従業員の不満」は含まれていないので、**実際のコストはさらに多くなるだろう**。

❸「ミーティングは時間の無駄であり、従業員にとってストレスにしかならない」というデータもあるが、逆に生産的で満足感の大きいミーティングもたしかに存在する。そこにミーティング問題を解決する希望を見いだすことができる。

❹「ミーティング価値評価」の計算式を使うと、自分のミーティングに占める無駄な時間の割合を算出することができる。定期的に計算を行い、ミーティングの生産性をチェックすること。自分だけでなく、同僚にも教えて計算してもらおう。それぞれの組織には独自のミーティング文化があり、個々のミーティングにもその文化が反映されているということを忘れないように。

2章

ないと「ない」で問題

「ミーティングのない一日」は嫌

「いじり」とは、誰か一人を標的に定めてからかったりして笑いをとる方法だ。その場にいる人は楽しめるのだが、標的になる人はたまったものではない。

ここで、人間ではなく、「モノ」をいじりの標的にすると考えてみよう。そのモノとは、「ミーティング」だ。

ミーティングを笑いものにするのは簡単だ。有名なジャーナリストや作家、エコノミストだけでなく、一般の私たちも、ミーティングに関するジョークを言って楽しんでいる。

いくつか例を挙げてみよう。

「人類が潜在能力をフルに発揮できず、この先も発揮することはないと考えられる理由を一言で表現するなら、それは『ミーティング』だ」

「ミーティングとは、『議事録』（minutes）が取られ、『時間』（hours）が無駄になるものである」

「仕事が片づかない真の理由が解明されるまで、我々はミーティングを行い続けるだろう」

「理想の死に方は、スタッフミーティングの最中に死ぬことだ。すでに死んだような状態なのだから、実際に死んでもあまり変わりはない」

「恐竜が絶滅した真の原因は、食べ物を探すのをやめて、食べ物を探す方法を話し合うミーティングを始めたことだ」

「何もしたくない人にとっては、ミーティングは必要不可欠だ」

「ミーティングで話し合う問題は、ミーティングの回数を減らせば絶対に発生しないような問題である」

「フットボールはアメリカ社会の負の側面を象徴するスポーツだ。暴力の合間にミーティングが開かれる」

ビジネスの神は会議を「病気」と切り捨てた

ここまで言われるなら、いっそのことミーティングをなくしてしまったほうが世界はよりよい場所になるのではないだろうか。

経営の神様と呼ばれるピーター・ドラッカーも、「ミーティングは悪い組織に特有の病状である。少なければ少ないほどいい」と言っているではないか。

しかし、答えははっきり**「ノー」**だ。**ミーティングをなくしても、あるいは回数を劇的に減らしても、それで問題が解決するわけではない**（ただし、わざわざ集まる意味がないと断言できるのなら、ミーティングを減らしたほうがいい場合もある）。

ミーティングを極端に減らすのは、社員、リーダー、チーム、組織のすべてにとってリスクのある行為だ。この章では、まず**「ミーティングをなくしてはいけない理由」**を考察し、それに続けてミーティングの問題を解決する具体策を見ていく。

「人間の本能」が話をややこしくする

ミーティングは少なすぎても問題であり、従業員、リーダー、チーム、組織のすべてにとって害になる。「大切な情報が伝わらない」「チームや組織への帰属意識が希薄になる」「まわりのサポートが感じられない」といった問題につながるからだ。

ミーティングを開いて実際に顔を合わせることで、メンバーの絆が深まり、自分は組織の一員だと実感できる。なかでもいちばん大切なのは、お互いのサポートを肌で感じられることだ。

ミーティングとは個々のアイデアや意見を効果的に集められる場所であり、より協力的な働き方を可能にする場でもある。**ミーティングに出席することで、従業員もリーダーも「組織で働く」ということの微妙なニュアンスをより深く理解し、効果的なチームワークを促進することができる**のだ。

ミーティングという形で実際に集まることで目標を共有し、必ずしも「職務」として明記されていない自分の役割を自覚するようになる。ミーティングによって、個々の社員が組織として1つになるということだ。

そうやってまとまったチームは、適応力があり、立ち直る力が強く、進む方向を自分たちで判断できるようになり、特に危機のときに大きな力を発揮する。

リーダーにとってみれば、ミーティングは自らのリーダーシップを存分に発揮し、ビジョンを明確に伝え、チームの士気を鼓舞するチャンスだ。それと同時に、**ミーティングは局所的な民主主義が実現する場**であるともいえる。すべてのメンバーが自由に意見やアイデアを出し、影響力を持つことができるからだ。

このように、ミーティングは多くの意味で組織には欠かせない存在だ。組織に関わるすべての人が、ミーティングを通して組織を「生きた」存在として認識できるようになる。

それに**人間は社会的な動物であり、本能的に孤独を嫌い、つながりを求める**という点も忘れるわけにはいかない。

たとえば、私は以前に、「理想的な仕事の一日」について匿名で自由に答えてもらう調査を行ったことがある。その結果を見ると、たいていの人の答えにミーティングが含まれていた。**ミーティングのない一日は、むしろ望まれていない**ようだ。

以上のような事実を考慮すれば、ミーティング問題の解決策は、ミーティングをなくすことではないとわかるだろう。ここで大切なのは、**ミーティングを「改善」すること**だ。直感や慣習ばかりに頼るのではなく、正しいミーティングのあり方を科学的に解明することがカギになる。

客観的な事実の裏づけがあれば、悪いミーティングが社員の士気を下げ、さらにミーティングの質が下がるという悪循環を断ち切ることができるだろう。

ミーティングを徹底的に「サイエンス」する——「構造」から「遅刻」まで

「ミーティング学」とは、**ミーティングを科学的に研究する学問分野**だ。職場における現象という一面だけでミーティングをとらえるのではなく、もっと広く**「集団の力学」**という観点から、ミーティングのあり方やその成功と失敗について研究する。

ミーティングに関する研究は数百も存在し、研究の対象も、「ミーティング前の話し合い」から「遅刻」「ミーティングの構造」「ミーティングの進め方」「意思決定のスタイル」「メンバーの団結力」「ミーティングの成否を予測する基準」まで幅広い。

ミーティングに関する研究はここ10年ほどで爆発的に増加したが、今から60年以上も前に行われたチームワークに関する古い研究でも、現代の現象を理解するのに十分に役立ってくれる。

そんなミーティング学で用いられる手法は、「フィールド調査」「基礎研究」「多数の被験者を使った実験」などだ。

ここで本書の土台となるミーティング学についてより深く理解してもらうために、それぞれの手法についていくつか例を挙げて説明しよう。これらの研究や調査の結果は、本書でも随所で生かされているので、まずは手法に焦点を絞って紹介したい。

フィールド調査――本物の「現場」に介入してデータを集める

私自身がミーティングの研究を始めたばかりの頃に行った調査を紹介しよう。調査の対象は、アメリカ、イギリス、オーストラリアの管理職と非管理職ほぼ1000人だ。

私たちが解明したかったのは、「従業員の仕事への態度はミーティングによって影響を受けるのか？　その影響は、個人の資質によって決まるのか、それとも仕事やミーティングそれぞれの性質によって決まるのか？」という問いに対する答えだ。

調査の参加者には、ある個別のミーティングについてのアンケートと、ミーティング全般と仕事に対する考え方についてのアンケートに答えてもらう。アンケート結果を分析するときは、回答者の社会・経済的状況や職種も考慮に入れる。

フィールド調査には、長期にわたるデータを集めるという手法もある。たとえば、博士課程の私の教え子で、現在はこの分野を代表する学者になったジョー・アレンは、319

人の働く成人を対象に、長期にわたるフィールド調査を実施した。

まずある時点でのマネジャーによるミーティングの運営の仕方を調べ、次に別の時点での従業員たちの労働意欲を調べることで、「管理職によるミーティングの運営方法は、非管理職の従業員エンゲージメントにどのような影響を与えるのか」という問いに答えることを目指している。

従業員エンゲージメントとは、「従業員が組織と目標を共有し、より自発的に仕事に取り組む態度」のことだ。従業員のパフォーマンス、イノベーション、さらには顧客満足にまで直接的な影響を与えるため、現代の企業に欠かせない要素であると考えられている。

つまり、このフィールド調査は、ミーティングの運ばれ方と従業員の意欲や生産性との関連を分析するアプローチということだ。


次に、現場ではなく研究室で行われる基礎研究と実験について見ていこう。

基礎研究と実験――調査用にグループを作り「サクラ」を交ぜる

アレン・ブルードーンの研究チームが、「スタンドアップミーティング」についての調査を行った。スタンドアップミーティングとは「立ったまま行うミーティング」で、近頃様々な企業で取り入れられている。ここでの目標は、「座って行うミーティングと、立って行うミーティングで、結果に違いはあるだろうか?」という問いに答えることだ。

まず被験者の学生を研究室に集め、5人のグループを作り、それぞれのグループに問題解決の課題を与える。その際、立ってミーティングを行うグループと、座ってミーティングを行うグループを無作為に選ぶ。グループの数は、立つミーティングが55、座るミーティングが56だ。

各グループが出した解決策に点数をつけ、問題解決までに要した時間とパフォーマンスの内容から、ミーティングの生産性を測定する。

このような実験では、ときに**「共謀者」**と呼ばれる存在を使うことがある。共謀者とは、研究チームの一員でありながら、それをまわりに隠して被験者として実験に参加する人のことだ。

イェール大学教授のシーガル・バーセイドが、この共謀者を使って「感情の伝染」という概念について調査を行ったことがある。感情の伝染とは、ある人の感情がまわりにいる人たちに伝染することであり、バーセイド教授は特にミーティングの場での感情の伝染に興味を持っていた。

教授はミーティングに共謀者を送り込み、共謀者の感情が他の出席者にどのような影響を与えるのか観察した。さらに、感情の伝染によって、チーム内の協力関係、争い、全体のパフォーマンスにどのような変化が現れるのかについても調べている。

教授はまず、ビジネススクールの学生を集めて29のチームを作った。チームのメンバーは全員が部門長の役を演じ、ミーティングのリーダーは特に存在しない。各チームに1人ずつ共謀者が紛れ込んでいる。

共謀者は、ミーティング中にポジティブな態度（元気でやる気がある）を見せるか、またはネガティブな態度（イライラ、など）を見せる。そして研究チームは、共謀者の感情が伝染したか、チームのパフォーマンスにどのような変化があったかを分析し、さらに被験者にミーティングの感想を答えてもらい、その答えと共謀者の態度を照合する。

本書では、このような実験や研究から導き出された興味深い結果が豊富に紹介されている。それらの科学的エビデンスと、現場の事例を組み合わせることで、ミーティングに対する理解をさらに深められるような構成にしたつもりだ。

元インテルCEOのアンディ・グローブも、ミーティングの向上に情熱を傾けた人物の一人だった。彼はかつて、こんなことを書いている。**「従業員が2000ドルもする会社**

の備品を盗むのを禁止するのと同じように、同僚の時間を盗むようなことがあってはならない」

無駄なミーティング、非生産的なミーティングは、典型的な時間泥棒だ。そしてこの泥棒は、適切な策を講じることで予防することができる。

POINT

科学×現場で「事実」が見えてくる

❶たしかにミーティングの数は増え続け、悪いミーティングも山のように存在するが、だからといってミーティングをなくせばいいというわけではない。ミーティングには、「メンバー同士の絆を深める」「個人が意見を言えるチャンスを提供する」「問題解決・理解を共有する」といった大切な役割がある。

❷ミーティングの問題を解決するカギは、ミーティングをなくすことではなく、ミーティングを改善することだ。「ミーティング学」とは、ミーティングに関するあらゆることを研究する学問分野であり、その研究結果はミーティングを改善するたく

さんのヒントを提供してくれる。

❸ミーティング学の研究には、現場を対象にした「短期の調査」「長期の調査」、研究室での「基礎研究」や「実験」など、様々な手法がある。**これらの異なる手法を組み合わせ、互いに補い合うことで、ミーティングの多様な側面を知ることができる。**

第 2 部

ミーティングをアップグレードする

エビデンスベースの超具体戦略、それを生む最新の分析

3章 仕切り役に起きる「妄想」
「平均より上」バイアスが働く

自分を知れば、成功だけでなく失敗からも学ぶことができる。つねに成長を続けることができる。

——ラリー・ボシディ（アライドシグナル元会長兼CEO）

自分を知らなければ、変わることはできない。自分を知らない人は、「自分はすべてうまくやっている」と思っているのだから、そもそも変わる必要もないだろう。

——ジム・ウィット（作家、パーパス・アンリミテッド創業者）

人間というものは、ミーティングにおける自分のリーダーシップスキルを正しく評価することができない。これは科学的に証明された事実だ。

たいていの人は、自分のスキルを過大評価している。過大評価のせいで自分の欠点が見えなくなり、ミーティングにおけるリーダーシップスキルを磨くチャンスをことごとく逃しているといっていいだろう。

そしてその最大の犠牲者は、ミーティングの出席者たちだ。彼らは非生産的なリーダーシップの影響をもろにかぶることになる。

それに加えて、非生産的なリーダーシップが組織内で当たり前の状況になると（「これがうちのやり方だ」）、それがその組織のミーティング文化として定着してしまう。この負の連鎖は、なんとしても阻止しなければならない。

本章では、まず「リーダーシップスキルの過大評価」について解説し、次に自分のリーダーシップスキルを正しく評価する方法について見ていく。そしておそらくもっとも大切なのは、リーダーシップのあるべき姿を知り、自分もそれを目指して努力することだろう。

統計的に「あり得ない」のに頻発する

ミネソタ州の公共ラジオ局ミネソタ・パブリック・ラジオに、「プレーリー・ホーム・コンパニオン」という1974年から続く人気長寿番組がある。レイク・ウォビゴンという架空の街を舞台にしたバラエティ番組だ。

この街に住む人たちは、女性はみな強く、男性はみなハンサムで、子どもはみな平均より上の成績優秀者という設定だ。心理学者のデイヴィッド・マイヤーズが提唱した**「レイク・ウォビゴン効果」**は、このラジオ番組から取られている。これは自信過剰になる人間の傾向を表した言葉であり、**たいていの人は、自分の知識、スキル、能力、性格的な特性を過大評価している。**

つまり簡単にいうと、**人間の大部分が「自分は平均より上だ」と思っている**ということだ。そしていうまでもなく、大部分の人が平均より上になるのは、統計的に不可能である。

受験生の8割が「自分は平均より上」と答えた

このレイク・ウォビゴン効果に関する初期の研究に、大学進学適性試験のSATを作成するカレッジボードが行ったものがある。

SATの受験者を対象に、リーダーシップスキル、他人とうまくつきあう能力などについて自己評価してもらったところ、**他人とうまくつきあう能力に関しては受験生の85%が「自分は平均より上である」と回答**した。さらに、**上位1%に入ると回答した受験生は、**

なんと25%もいたという！

この結果を見て、「高校生ぐらいの子どもにありがちな勘違いと自信過剰だ」と考える人もいるだろう。いい大人であれば、自分の能力はよくわかっているというわけだ。しかし、実際はそうでもないらしい。

たとえば、ネブラスカ大学の教員を対象に、自分の教える能力を自己評価するという調査が行われたことがある。すると、**自分は平均より上であると答えた教員は全体の90%以上になり、上位25%に入ると答えた人も68%**になった。

また、車の運転能力を自己評価する調査でも、**安全運転に関してはアメリカ人の88%が平均より上であると答えた。**

「一般人より性格がいい」と考える受刑者——日本も例外でない

さらに最近になって、イギリスで受刑者を対象にした同じような調査が行われた。

彼らの大半は、暴行や強盗で有罪になっているのだが、自分の性格を自己評価する調査では、優しさ、寛容さ、自制心、倫理観、遵法精神といった項目で、自分は他の受刑者と比べて平均より上であると答えた。

さらに興味深いのは、同じ受刑者ではなく、犯罪者ではない一般の人たちと比べたときの答えだ。**受刑者の大半は、先ほど挙げた項目のほとんどで、それでも自分は平均より上になると答えている。**唯一の例外は遵法精神で、これは**「一般の人たちと同じレベル」**という自己評価になった。

外国の読者の中には、「うちの国にはあてはまらない」と思った人もいるだろう。

しかし現実は、**ドイツ、イスラエル、スウェーデン、日本、オーストラリアで行われた調査でも、「自分は平均より上」と考える傾向が確認されている。**

たくさん喋った人は「いいＭＴＧだった」と言う

ミーティングのリーダーシップに特化したこの種の調査はまだ行われていないが、近い内容の調査は何度も行われてきた。そしてご想像の通り、結果は決して楽観できるものではない。

たとえば、私や同僚たちが行った複数の調査でも、**ミーティングのリーダーは一般の出**

席者よりもミーティングそのものに高い点数をつけるという結果になっている。

つまり、**同じミーティングに出席していても、リーダーとそれ以外の人では、ミーティングの印象がまったく異なる**ということだ。リーダーは「とても有益だった」と思っているが、それ以外の出席者は「無駄だった」と思っているのだ。


ミーティングの満足度については、さらに興味深い研究もある。たとえば、北京大学のソフィー・トン教授と私が共同で行った調査では、ミーティングへの参加度・貢献度と、ミーティングへの満足感は比例するという結果になった。

つまり言い換えると、**ミーティングで自分がたくさん発言するほど、満足度は高くなる**ということだ。ミーティングでもっとも発言が多いのは誰か考えてみよう。そう、それは「リーダー」だ。

そして最後に、1章で言及したベライゾンの調査を思い出してもらいたい。よくミーティングに出席する会社員1300人にミーティングの満足度を尋ねたところ、ここでも自分がリーダーを務めたミーティングを高評価する傾向が確認された。ミーティング全体の79％が、「きわめて生産的」または「とても生産的」と評価されている。

対照的に、自分ではなく同僚がリーダーを務めたミーティングになると、「きわめて生産的」または「とても生産的」と評価されるミーティングは、全体の56％まで少なくなる。

まとめると、**リーダーはミーティングを過大評価する**ということだ。この過大評価が自信過剰につながり、自分の弱点や欠点が見えなくなっている。

鏡は本当の姿を映さない——リーダーが鏡の中に見ている自分は、おそらく本当の自分の姿ではないだろう。

経営学・MBAより「インテル」が参考になる

一口にミーティングといっても様々な側面がある。ここではリーダーがやるべきことを考える前に、まず「組織」にできることを見ていこう。リーダーがより正確に自分の能力を判断できるようになるために、組織はどんな枠組みやシステムを作ればいいのだろうか。

考えられる枠組みやシステムの形はいくつかあるが、その中で真っ先に取り組まなければならないのは、「ミーティングのスキルに特化したトレーニングの導入」だろう。そもそも、ミーティングにおける正しいリーダーのあり方というものがわからなければ、それを目指すこともできない。

この種のスキルは、**大学の一般教養はもちろん、経営学やMBAの授業でも教えてもらうことはない**。そのため、社内できちんとしたトレーニングプログラムを導入することが特に重要になる。

元インテルCEOのアンディ・グローブは、史上最高のCEOの一人といっても過言ではない存在だが、そんな彼もミーティングの重要性を深く認識し、**すべての新入社員（文字通り、一人残らずすべて、だ）にインテルが提供するミーティングトレーニングを受けることを義務づけていた**。長年にわたってグローブ自身がトレーニングの教壇に立っていたことからも、その熱の入れようがうかがえるだろう。

フォーチュン500社中「498社」の盲点

リーダーの正しい自己評価を促すうえで、次に大切なのは「フィードバック」だ。

たいていの会社は、従業員エンゲージメントや勤務態度の評価を年に1回は行っているだろう。その際に、「ミーティングにおけるリーダーシップ」も評価の対象に加えるようにする。

ちなみに私の知るかぎり、フォーチュン500企業でこの評価を行っているのはたったの2社しかない。会社生活にミーティングはつきものなのに、正式な評価の対象になっていないのはおかしな話だ。

リーダーが自分のミーティングを過大評価していても、誰にも指摘してもらえなければ、そのままの状態で放置されてしまう。そして自信満々のリーダーは、部下やメンバーから何か提案があっても聞く耳を持たない（というより持てない）。

そこで、**「360度フィードバック」**と呼ばれる評価手法を、ミーティングスキルにも活用するという方法がある。

360度フィードバックとは、上司が部下を評価するだけでなく、部下が上司を評価するなど、様々な立場の人から幅広いフィードバックを得る手法だ。

360度フィードバックを使えば、同僚、直属の部下、上司など、仕事での関わりが大きい人たちから総合的に評価してもらうことができる。たいていの企業は、360度フィードバックを外部のコンサルティング企業に委託しているが、私はこれまで、「ミーティングスキル」が評価の項目に含まれているのを見たためしがない。

ミーティングが会社生活のかなりの部分を占めていることを考えれば、ミーティングスキルを評価項目に含まないのは完全な手落ちであるといっても過言ではないだろう。具体的な評価方法については、巻末の「ツール」を参考にしてもらいたい。

「タブレット」をフィードバックに使う

まとめると、リーダーのミーティングスキルとその評価に関しては、私たちは暗黒時代にいるということだ。とはいえ、状況はそこまで絶望的ではない。企業の中には、革新的なミーティング評価の手法を取り入れているところも実際に存在する。

たとえば、ダイエット関連企業のウェイトウォッチャーズのニューヨーク本社では、会議室の外にタッチスクリーン式のタブレットを設置し、ミーティングの評価を匿名で送信できるようにしている。

評価方法はいたってシンプルで、終わったばかりのミーティングについて、絵文字を使って5点満点で評価する。ウェイトウォッチャーズはその評価をもとに何らかの対策が必要かどうか判断し、そして対策をしたのであれば、その対策の効果も同じようにタブレットのフィードバックで評価する。

たとえば、タブレットでのフィードバックを参考に「議題を書いたホワイトボードを導入する」という対策を実施したところ、**ミーティングへの不満は44%から16%に激減した。**

とはいえ、この種のフィードバックがもたらしてくれるもっとも大きな効果は、目に見えないところに存在するのかもしれない。

たとえばウェイトウォッチャーズでは、ミーティングをきちんと評価することで、ミーティングを大切にする文化を育てることができた。

悪いMTGの「サイン」をとらえる

ミーティングスキルを磨きたいという役員やマネジャーには、まず自分のミーティングの実態をきちんと知ることをすすめている。ミーティングを評価するときにカギとなるポイントを紹介しよう。

- 出席者がずっと**「スマホ」**を見て他の作業をしているようなら、あなたのミーティングにおけるリーダーシップスキルは低い。

- 出席者が**関係のない「雑談」**をすることが多いようなら、あなたのミーティングにおけるリーダーシップスキルは低い。
- ほぼ**「あなたばかりが発言」**しているようなら、あなたのミーティングにおけるリーダーシップスキルには深刻な問題があるといわざるをえない。
- **1人か2人の出席者が発言を独占**しているようなら、考えられる理由は3つある。出席者全員にとって関係の深い議題を選ばなかったこと。誰もが発言しやすい「安全な環境作り」に失敗していること。または、ミーティングの仕切りがうまくいっていないことだ。いずれにせよ、リーダーがきちんと役割を果たしている状況とはいいがたい。

以上のような現象は、自分のリーダーシップスキルを知る重要なフィードバックになる。心当たりがあるという人は、すぐにでも改善のための努力を始めるべきだろう。

自分では「どう思われているか」わからない

ミーティングの最中の微妙な雰囲気を感じ取るのもたしかに大切だが、リーダーにとってもっとも役に立つのは、**3か月に一度ほどのペースでミーティングの正式な評価を実施**

することだ。

その際、簡単で、すぐに結果の出る「評価手法」を使うことが望ましい。具体的には、ミーティングの出席者全員に、**「すぐに終わる簡単なアンケートに答えてもらう」**という方法だ。

参考までに、ノースカロライナ州シャーロットに拠点を置くRSCバイオ・ソリューションズの例を見てみよう。

この会社では、商務部内のコミュニケーションと協力関係を向上させるために、CEOが「ハドル」(後述)と呼ばれる毎日のミーティングを導入した。ミーティングの長さは15分だ。そしてハドル導入の2か月後に、CEOは次ページのような評価を実施した。

CEOはこの結果を見て、とりあえずハドルが好意的に受け入れられていると知り喜んだ。**とはいえ、まだ改善の余地があることも見逃していない**。「ハドルの回数を減らしたほうがいい」という提案がいくつかあったが、CEOはむしろ回数の減少ではなく、質の向上を目指すことにした。

メンバーから寄せられたコメントを読むと、集まりが全体的に単調で、緊張感が欠けているという感想が目立つ。その問題を解決するために、ハドルで話すべき議題を増やし、

「ハドル」に関するアンケートと答え

2016年10月18日　午前7時25分(東部夏時間)

Q1:商務部ハドルの全般的な評価は?

答え	人数	%	答え	人数	%
とても役に立つ	3人	42.86%	少しは役に立つ	0人	0.00%
まあまあ役に立つ	4人	57.14%	役に立たない	0人	0.00%
やや役に立つ	0人	0.00%			

Q2:コミュニケーション、チームワーク、協力関係を促進するという点に関して、ハドルはどの程度有効だったか?

答え	人数	%	答え	人数	%
とても有効	4人	57.14%	少しは有効	0人	0.00%
まあまあ有効	2人	28.57%	まったく有効でない	0人	0.00%
やや有効	1人	14.29%			

Q3:全般的に、商務部ハドルが導入されてよかったと思うか?

答え	人数	%	答え	人数	%
はい	7人	100.00%	いいえ	0人	0.00%

Q4:商務部ハドルの具体的にどの部分が「うまくいっている」と思うか?

■「チーム内のコミュニケーションが増え、お互いにより協力的になり、すぐに行動に移せるようになった」

■「チーム全体で協力関係とコミュニケーションが向上した」

■「お互いに説明責任をきちんと果たし、チームワークが必要な分野が明確になった」

■「誰もが『チームの一員』という意識を持ち、仕事がはかどるようになった」

■「チーム内でいい意味での危機感が高まった。ハドルのおかげで、ハドルの外でも協力関係が促進された。ハドルがなければ不可能だっただろう。誰もが自覚を持ち、重要な事柄に以前よりも早く気づくようになった。その結果、障害を取り除くことができている」

Q5:商務部ハドルをさらに向上させるために、どこを「改善」、または「変更」する必要があるか?

■「もっとも重要な事柄、もっとも大きな障害に集中するよう、引き続きメンバーの意識改革を促していくこと。依然として重要でない事柄に気を取られがち」

■「①毎日の報告で要点を簡潔に伝えるようにする。1人あたり60～90秒で、障害となる問題、成果、動き、その日の最優先事項などをわかりやすく伝える。報告を短くすれば、質問、確認、提案、話し合いなどに、今より多くの時間を割くことができる。ただし話し合いも、短く効果的に行わなければならない。

②毎日でなく一日おきにする?」

■「自分にとって朝はもっとも生産性が高まる時間帯なので、毎朝のハドルは仕事の妨げになっていると感じる。毎日ではなく、週に2、3回でも、今と同じ結果を出せるのでは?」

■「こまかい業務のことではなく、もっと大きな問題やチャンスについて話し合う場にする。成果、成功、達成などについてもっと多く話したい」

定期的に真剣な話し合いを行うようにした。

また、リーダー役を持ち回りにし、メンバー間の議論が活発になるような議題をリーダーが考えるのも策だ。そしてミーティングの前に、リーダーは「ハドルでしてはいけないこと」をメンバーに確認する。具体的には、ただその日の出来事をだらだらと報告するのを避ける、などだ（そうやって確認することで、ハドルで期待されている態度を明確にすることができる）。

これらの改善策を導入してしばらくたった頃に再び評価を行い、その結果を見て、本当にハドルの回数を減らしたほうがいいのか判断する。

「真っ当な説明」をすれば教えてくれる

このRSCバイオ・ソリューションズが実施したような調査を応用してもいいし、またはごく基本的な「3つの質問」を使うという方法もある。

①私の行動のうち、「リーダーにふさわしくないこと」（やめる必要があること）は何か？
②「新しく始めなければいけないこと」は何か？

③リーダーとして「うまくやっていること」（今後も続けること）は何か？

メンバーを対象にしてこの種の調査を匿名で実施したい場合は、「Qualtrics」「SurveyMonkey」といった専用のサイトを活用するという方法もある。

その際にカギになるのは、**アンケートについて説明する言葉**だ。メンバーが答えたくなるような言葉を考えなければならない。例を挙げよう。

「私はみなさんのために、できるかぎり最高のリーダーになることを目指しています。そして私のミーティングでは、時間を最大限に有効に使いたい。この2つの目標を達成するために、ぜひみなさんの率直な意見を聞かせてもらいたいと思っています。

以下の質問にできるだけ正直に答えてください。**結果が出たら、内容をまとめてみなさんにもお伝えします**。もちろんみなさんの意見を取り入れて、改善すべきところは改善し、改善の結果についてもまた改めてアンケートをとりたいと思います」

リーダーがこのように宣言することで、「最高を目指す」「つねに学び続ける」「全員の参加を促す」という価値観をチームに浸透させることができる。それに加えて、**「アンケ**

ートの結果をメンバーに伝える」と約束しているところも大切なポイントだ。

結果を集計し、多かった意見や重要な提案をまとめたら、その内容を今後の活動に生かさなければならない。結果とその後の対策をチームに伝える手段は、ミーティングを使ってもいいし、メールで伝えてもいい。


いずれにせよ、ミーティングを正しく評価したいのなら、まず現実を知り、それから目指す地点を明確にすることが大切だ。

そこで次に考えるのは、「自分たちはどこを目指しているのか?」ということになる。

「ギバー」になる
――スターバックス、ザッポス、ホールフーズの「メンタリティ」

理想のミーティングを実現するには、まずリーダーであるあなたが、理想のリーダーにならなければならない。

ミーティングで理想とされるリーダーは、先頭に立って引っ張るタイプではなく、チームのサポートに徹する**「サーバント・リーダー」**と呼ばれるタイプだ。このタイプのリーダーがチームを支え、力を引き出すことで、リーダー自身も成功し、チームも成功し、ひいては組織全体も成功する。

サーバント・リーダーは、他者のニーズを最優先に考え、ニーズに応えるために努力する。簡単にいえば、**他者の成長を助けることを目指すリーダー**だ。サーバント・リーダーの下で働く人たちは、自分の能力を最大限に発揮できるだけでなく、職場の環境を「安全」だと感じ、「安心」して働くこともできる。その結果、メンバーそれぞれの才能がいかんなく発揮され、チームとしてもより効果的に目標を達成できる。

ここで特に大切なのは、「メンバーそれぞれが才能を発揮する」という部分だ。そもそもチームを作るのは、様々な知識、スキル、能力を集めて、全体の能力を高めることを目指しているからだろう。

その正反対にあたるのが、エゴが強く、自分が先頭に立ちたいタイプのリーダーが率いるチームだ。その種のリーダーは、何事においても「自分第一」であり、チームを高めるよりも自分を高めることを重視する。彼らの目的は、権力を持ち、その権力を自分のために利用することだ。

一方でサーバント・リーダーは、権力に執着せず、積極的にメンバーと権限を分け合う。

彼らが何よりも満足感を覚えるのは、自分の成功ではなく、チームや組織の成功だ。SAS、コンテイナー・ストア、ホールフーズ・マーケット、ザッポス、スターバックスといった名だたるグローバル企業も、このサーバント・リーダーシップを採用している。

ペンシルベニア大学ウォートン校教授のアダム・グラントによるベストセラー、『GIVE&TAKE』（三笠書房）を読んでも、サーバント・リーダーシップの有効性は確認できる。

グラントによると、**組織で働く人は、つねに「与える人（ギバー）」になるか、それとも「自分の利益を優先させる人（テイカー）」になるかの判断をしている**という。

ギバーになることを選ぶ人は、他者を積極的に助け、自分の知識を喜んで提供する。ギバーは何かを与えるとき、見返りはまったく期待していない。ただ「そうするのが正しいから」という理由で与えているのだ。数々の研究でも、**「ギブの文化」が根づいている組織は、収益性、生産性、効率性、従業員満足度、顧客満足度がきわめて高い**という結果になっている。

「自分の発言量」を抑える

そこで私たちにとっての課題は、サーバント・リーダーシップとギブの文化を、ミーティングの生産性を高めるために応用するということになる。

サーバントとギブの精神を持ったリーダーがミーティングを開くときは、まず何よりもミーティングの時間が有益な時間になることを目指す。ミーティングで大切なのは、リーダーの自己満足ではなく、「すべての出席者にとって価値のある時間にすること」だ。

そのため真に有能なリーダーは、出席者のミーティング体験に対して100％の責任を持つ。**事前に綿密に計画を立て、何事も偶然に任せたりはしない**。

そういわれると大変そうだと思うかもしれないが、心配はいらない。実際のところ、計画にかかる時間はせいぜい**「数分」**といったところだろう。ここで大切なのは、ミーティングについて真剣に考えるリーダーの態度だ。

何を話し合うか、何を決めたいのか、どういうふうに話を持っていくか、どんな問題が起こりそうか、どんな戦略が有効かといったことを事前に考える。それに加えて、メンバーが自由に意見やアイデアを出せるように、安全な環境作りも大切になる。

言葉による説明だけではわかりにくいと思うので、例を挙げて説明しよう。これは実際にあった話だ。

ある信頼の厚いリーダーが、自分だけに適用するミーティングのルールを決めた。**自分のアイデアや決定に反論が出そうだと予想できる場合は、まず自分のコメントを1つか2つの文に制限し、あとはメンバー同士で自由に意見を交換してもらう**のだ。

このルールの目標は、自由な話し合いを促進すること、そしてリーダーである自分の意見が、メンバーの考えに影響を与えないようにすることだ。たしかに単純なルールだが、とても大きな意味を持っている。

もちろん、リーダーがほぼ黙っているというのは極端なやり方であり、効率的とはいいがたい場合も多々あるだろう。しかし彼がこのルールを適用するのは、「そうしたほうがいい状況だ」と判断したときだけだ。

こうやってサーバント・リーダーシップを態度で示すことで、チーム内には豊かな話し合いの土壌が築かれることになる。

一般的に、サーバント・リーダーがもっとも重視するのは「ミーティングの力学」だ。自分の力を誇示することには興味を持たず、すべての出席者にとって実りあるミーティングになるように心を砕く。

結局のところ、チームの力学に気を配り、チームから最高の力を引き出すことを目指すのはリーダーの仕事だ。**メンバーの誰かがこの役割を引き受けるのは難しく、またそもそもメンバーに任せるような仕事ではない。**

何をどこまで、どう仕切れば「ベター」で「セーフ」か

次に、サーバント・リーダーがミーティングでやるべき代表的な仕事を紹介しよう。もっと詳しく知りたい人は、巻末の「ツール」のセクションに含まれる「ミーティング運営チェックリスト」も参照してもらいたい。

□「タイムマネジメント」

・時間の経過を観察し、「大きな目標」を念頭に置きながら適切な時間配分をする

・緊急事態のための話し合いが拙速にならないように気を配る。**たとえ急いでいても、き**

ちんとした話し合いが必要な案件であれば、「次のミーティング」に持ち越してもかまわない

・会話の流れをコントロールする（「話がわき道にそれたら本来の話題に引き戻す」など）

□**「アクティブリスニング」（積極的傾聴）**

・メンバーの発言を要約したり、内容をわかりやすく言い換えたりして、つねに現時点での状況を明確にする。メンバーの意見を取り入れ、出席者の全員がミーティングのプロセスと、現時点での議題を正しく理解できるようにする

・相手の話を注意深く聞くことで「言外の意味」を汲み取り、言葉にされない問題点を明確にするとともに建設的に対処する

・議事録を取る係と緊密にコミュニケーションを取り、「ミーティングの議題」「取り組み事項」「結論」などがすべてきちんと記録されるようにする。記録の内容を出席者全員に見せ、間違いがないことを確認する

□**「コンフリクトマネジメント」（衝突を管理する）**

・アイデアへの反論を促し（たとえば、「**このアイデアに何か問題はあるだろうか？**」）、健

全な議論が行われるようにする。その結果として、パフォーマンスと意思決定の向上を目指す

・「反対意見」を言いやすい環境を確立する（反対意見や異なる意見を出してくれた人に感謝する、など）。ディベートを歓迎する

・**「反論」と「人格攻撃」は違うということを明確にする。**相手への敬意を欠く言動はすぐに指摘し、ミーティングの基本ルールをメンバーに再確認して、建設的な話し合いが行われるようにする

□「能動的な参加」を促す

・メンバーが発言しやすい環境を作る。**「言いたいことがありそうな人」を見つけたら、必ず発言を促す**ようにする

・誰か一人の出席者が発言を独占しないようにする。さりげない身振り（小さな手の動きで発言を制止する、など）や、次の発言者に移るきっかけになるようなこと（「アイデアをありがとう」など）を言う

・話がわき道にそれないように、会話内容をコントロールする

□「合意」を目指す

・「そろそろ結論を出せるだろうか」といった発言で、合意に到達できる状態かどうか判断する。その際、準備ができていない人に結論を出すようプレッシャーをかけてはいけない（時間の制約がある場合はのぞく）

・リーダーが介入して話し合いを正しい方向に導く必要があるとき（「集中力が途切れる」「雑談が増える」など）と、流れに任せたほうがいいときを見きわめる

・リーダーの役割は、自分の考えを押しつけることではなく、**あくまでも「話し合いの仲介者」**であることを忘れないようにする。中立を守り、意見を言うときは、他の人と同じ一意見にすぎないことを明確にする

収拾がつかなくなったら「引っ張る」

ここで1つ指摘しておきたいことがある。それは、**サーバント・リーダーと、指導力のないリーダーはまったく違う**ということだ。

メンバーのサポートに徹するリーダーであっても、ミーティングでリーダーシップを発揮し、もし必要なら話し合いを主導することは可能だ。話し合いの収拾がつかないような

ときは、むしろ積極的に介入して状況をコントロールすることが求められる。または、リーダーが議題になっていることの専門家であるのなら、自分の意見を強く主張することも必要だろう。

普段からサーバント・リーダーシップとギブの精神を実践しているなら、メンバーはむしろリーダーの強い態度を歓迎する。チームを第一に考えるリーダーの意見なら、誰でも真摯に耳を傾ける。

まとめると、サーバントであり、ギバーでもあるリーダーは、メンバーの時間を有効に使うことに誇りを持ち、それが自分にとっても、メンバーにとっても、組織全体にとっても、究極の成功を達成する道だと心得ている。この態度が、サーバント・リーダーの大前提であり、目指すべき理想の姿だ。

そして理想のリーダーになることは、究極的には個人の幸せにもつながる。様々な研究によって、**人間は誰かの助けになるときに、もっとも大きな満足感を覚える**ということがわかっているからだ。

ここで、アメリカの教育者、牧師、著述家であるウィリアム・アーサー・ウォードの言葉を紹介しよう。

「人生の冒険は学ぶことである。人生の目的は成長することである。人生の本質は変化することである。人生の挑戦は困難を乗り越えることである。人生の真髄は思いやりである。**人生のチャンスは他者に仕えることである。**人生の秘密は大胆に挑戦することである。人生のスパイスは誰かの味方になることである。**人生の美しさは与えることである**」

自己理解が「自分の成功」そのものにつながる

この章では、主に「ミーティングにおけるリーダーシップの問題点」について見てきた。具体的には、リーダーが自分の能力を過信しているということだ。この問題がこれまで放置されてきたのは、ミーティングそのものと、ミーティングを率いるリーダーを適切に評価する手段が組織に存在しなかったからである。

コンサルティング企業のグリーン・ピーク・パートナーズとコーネル大学産業労使関係学部が、公共と民間の企業で働く72人のリーダーを対象に、成功の秘訣に関する研究を行った。その結果わかったのは、**自分の能力を正しく評価できるリーダーは、成功できる確**

率が飛躍的に高くなるということだ。

彼らは、部下の採用でも、部下の育成でもいい結果を残している。あなたもこの章で紹介したツールを使えば、自分の能力をより正しく評価できるようになるだろう。

そして自分の本当の姿を知ったら、そこからは訓練を重ね、理想の姿に一歩でも近づくことを目指していってもらいたい。

POINT

「ギャップの存在」に気づくことが先決

❶自分のミーティングを率いる能力は、**「自分で思っているほど高くない」**ということを自覚する。人間は自分の能力を過大評価する傾向があるということは、数々の研究からも明らかだ。この現実を受け入れることが、正しい自己評価と成長のカギになる。

❷人間は自分を過大評価するという事実を念頭に、自分のミーティング・リーダーシップを採点する。ミーティング中のメンバーの態度は？　話がわき道にそれること

が多いだろうか？　ミーティング中にスマホを見ている人はいるだろうか？　ミーティングに関するアンケートをとったことはあるだろうか？　そうやって客観的に評価をすることで、本当の自分を知り、自分がリーダーを務めるミーティングの本当の姿を知ることができる。

❸ミーティングのリーダーシップを高めることを、組織全体の優先課題にする。たとえば、**「ミーティングにおけるリーダーシップも『360度フィードバック』の対象にする」「年に一度の『従業員エンゲージメント調査』でミーティングの項目も設ける」**といった方法が考えられる。その際、自分だけが改善するのではなく、他の全員も巻き込み、組織全体に前向きな変化が起こるようにする。

❹**「サーバント・リーダーシップ」**と**「ギブ」**の態度を身につけ、メンバーが才能を発揮できる環境を整えるとともに、合意の形成を目指す。**究極的に、他者の助けになるという生き方は、ミーティングの場で助けになるだけでなく、人生全体も豊かにしてくれる**だろう。

4章

48分間のミーティング

「1時間が最適」なんて誰が決めた？

私たちが生きる社会には、様々な慣習や文化がある。私たちの考え方、話し方、他者との関わり方も、慣習や文化の影響を受けている。子どもの育て方も例外ではないだろう。たとえば、「歯の妖精」という概念について考えてみよう。フランス、スペイン、コロンビアでは、歯の妖精はネズミだ。そしてギリシャでは、抜けた乳歯を枕の下に置くのではなく、屋根の上に投げる。こうすることで幸運を招き寄せ、強い永久歯が生えると信じられているのだ。

そしてトルコでは、子どもに託した将来の希望と関係のある場所に、親が抜けた乳歯を埋めることになっている。たとえば、子どもが教授になることを望んでいるのなら、大学の近くに埋めたりする。ロシアでは、子どもが自分の抜けた歯をネズミの穴に入れることが多い。ネズミが乳歯をもらったお返しに、強い永久歯を届けてくれると信じられている。

マレーシアでは、抜けた乳歯を子ども自身が地面に埋める。歯も体の一部であり、体の一部は土に返すべきだと信じられているからだ。

こうやって様々な国の慣習を並べてみると、ある国では当たり前のことが、別の国では奇異の目で見られるということがよくわかるだろう。

文化の違いは、組織の仕組み、とりわけミーティングのあり方にも影響を与えている。たとえば中東や南米では、ミーティングが1時間遅れで始まるのも珍しくない。

しかし、「長さ」という点ではどうだろうか。**ミーティングの長さが1時間というのは、どうやら万国共通のようだ。**ミーティングの目的は様々であり、出席者の人数も、コミュニケーションの手段も違うというのに、なぜか長さは共通して「1時間」だ。

現にマイクロソフト・アウトルックがそうだったように、多くのカレンダーアプリは、デフォルトでミーティングの長さが1時間に設定されている。慣習がソフトウェアのデフォルト設定を生み、そしてデフォルト設定がさらに慣習を強化しているといえるだろう。

この章では、「ミーティングの長さ」について考えていく。1時間という長さが非生産的になる場合もある理由を、**「パーキンソンの法則」**から見ていこう。

「時間」はあればあるだけ使う

1955年、経済誌『エコノミスト』に、「パーキンソンの法則」と題されたユーモラスなエッセイが掲載された。冒頭の部分を引用しよう。

「ある作業にかかる時間は、その作業のために使える時間と等しくなる」——この現象は、いたるところで観察されている。

たとえば、一日の時間を自由に使える高齢の女性であれば、ボグナー・レジスに暮らす姪に手紙を書き、ポストに投函するのに、丸一日を費やすことになるだろう。

まずちょうどいいポストカードを探すのに1時間かけ、眼鏡を探すのにまた1時間かけ、姪の住所を確認するのに30分、文章を考えるのに1時間15分、そして近所のポストまで行くのに傘を持っていくかどうかを決めるのに20分だ。

忙しい人物であれば3分で終わる作業でも、ヒマで時間がたっぷりある人物は、同じ作業を終えるのに、あれこれ悩んで丸一日かけることになるかもしれない。

ある作業にかかる時間は、その作業のために使える時間と等しくなる——このパーキンソンの法則の正しさは、数々の実験や研究によって証明されている。

なかでもいちばん有名なのは、ジュディス・ブライアンとエド・ロックという2人の研究者が行った実験だろう。

ブライアンとロックは大学生を集めて2つのグループを作り、それぞれに簡単な数学の問題を解いてもらった。1つのグループは問題を解くのに「ちょうどいい」長さの時間が与えられ、もう1つのグループはそれよりも長い時間が与えられる。

実験の結果、**長い時間を与えられたグループは、ちょうどいい時間のグループに比べ、問題を解き終えるまでにかなり長い時間がかかった。**どうやら必要以上の時間を与えられた学生は、あまり真剣にならず、だらだらと問題を解いていたようだ。

これ以外にも、パルプ工場の工員やNASAの科学者を対象にした実験が行われたが、結果はどれも同じだった。

人は「スペース」を埋めたくなる
――「大きな刑務所？　なら囚人を増やそう」理論

パーキンソンの法則は、時間と関係のない場面でも働いている。『刑事司法ジャーナル』

誌に、刑務所の定員と収監される人数に関する興味深い研究が掲載されていた。
フロリダ州オレンジ郡で刑務所の定員を大幅に増やしたところ、収監される人数も大幅に増えた。警察の活動や、過去の収監人数を見ても、この増加を説明することはできないという。つまりこれは、パーキンソンの法則のスペース版だ。**スペースが広くなると、空いた空間を埋めたくなってしまう。**

どうやら人間という生き物は、意識的にせよ、無意識にせよ、空白を埋めるという習性があるようだ。そしてその習性は、ミーティングでも発揮される。**ミーティングの時間が60分と決まっていれば、どんな中身であっても60分かかる**のだ。

AP通信で52年にわたって漫画家をしているジョン・モリスが、この現象をおもしろい風刺漫画にしたことがある。会議室の机のまわりに、死んだ目をした出席者が座っている。そしてミーティングのリーダーが、「今の段階で結論など出せるわけがない。まだミーティングが始まってから30分しかたっていないではないか!」と宣言するのだ。

しかし、「ミーティングにかかる時間は割り当てられた時間で決まる」という法則は、視点を変えればチャンスでもある。**時間を短くすれば、その時間内に終わらせようとする**

ので、出席者の集中力が高まって効率が上がると考えられるからだ。

そこで大切になるのが、ミーティングの内容に合わせて適正な時間配分を決めることである。また、この章の後半では、「超・短時間のミーティング」を実践し、しかも結果を出している企業の実例を紹介しよう。

究極的に、ミーティングの時間を短くするのには、出席者が他のことをする時間を増やすだけでなく、出席者に適度な緊張感とプレッシャーを与えるという目的もある。ミーティングの中身が引き締まり、出席者の集中力と興味も最後まで持続するだろう。

「8時48分開始」で遅刻者がゼロに

IBM創立者のトーマス・J・ワトソンは、会社のいたるところに、あるシンプルなスローガンを掲示していた。それはたった一言、**「Think」**だ。

たしかに単語1つでしかないが、この言葉は様々な場面で活用することができる。そのうちの1つが、「ミーティングに割り当てる時間を決める」という場面だろう。

それぞれのミーティングには、達成すべき目標がある。それを達成するのに、いったいどれぐらいの時間が適正といえるのだろうか？

ミーティングのリーダーであれば、この問題をきちんと考えなければならない。その際にカギになるのが、次のような判断基準だ。

・このミーティングの「達成目標」は何か？
・「出席者」は誰か？（出席者については後の章でまた詳しく見ていこう）
・「過去のミーティング」の分析

ミーティングのリーダーは、自分で決めるだけでなく、出席者に意見を求めることもできる。**より多くの人の意見を取り入れれば、決断に賛成してもらいやすくもなるだろう。**

そうやってミーティングに必要な時間を割り出したら、1時間や30分といったきりのいい時間ではなく、中途半端な時間になるかもしれないが、それでもかまわない。

「48分」が適正な時間だと思うなら、48分で何の問題もない。むしろ中途半端な数字が出席者の興味を引き、おもしろがってもらえるかもしれない。たとえば調査会社のタイニーパルスは、毎日のスタッフミーティングの開始時間を8時48分にしている。

8時48分という時間の効果は、ユニークで驚かれるということだけではない。**この時間**

にしてから、なんと遅刻がゼロになったそうだ。

「5分」早く終わるだけで全然違う

適正な時間が決まったら、今度はそこからさらに5～10%ほど短くすることを考える。

時間が足りないという状況が適度なプレッシャーになり、いい結果をもたらすからだ。

ストレスとパフォーマンスの関係を示した**「ヤーキーズ・ドットソンの法則」**というものがある。ストレスとパフォーマンスの関係をグラフにすると、95ページの図のような逆U字形になるという理論だ。

この図からわかるのは、**ピークパフォーマンスを実現するには、ある一定のストレスが必要**だということだ。そしてストレスが多すぎても、あるいはまったくなくても、パフォーマンスのレベルは最低になる。このパターンは、個人だけでなく、組織全体にもあてはまるようだ。さらには、仕事とスポーツの両方にあてはまる。

あるミーティングに最適と思われる時間を割り出し、さらにそこから5～10%短くする

「ピークパフォーマンス」の科学

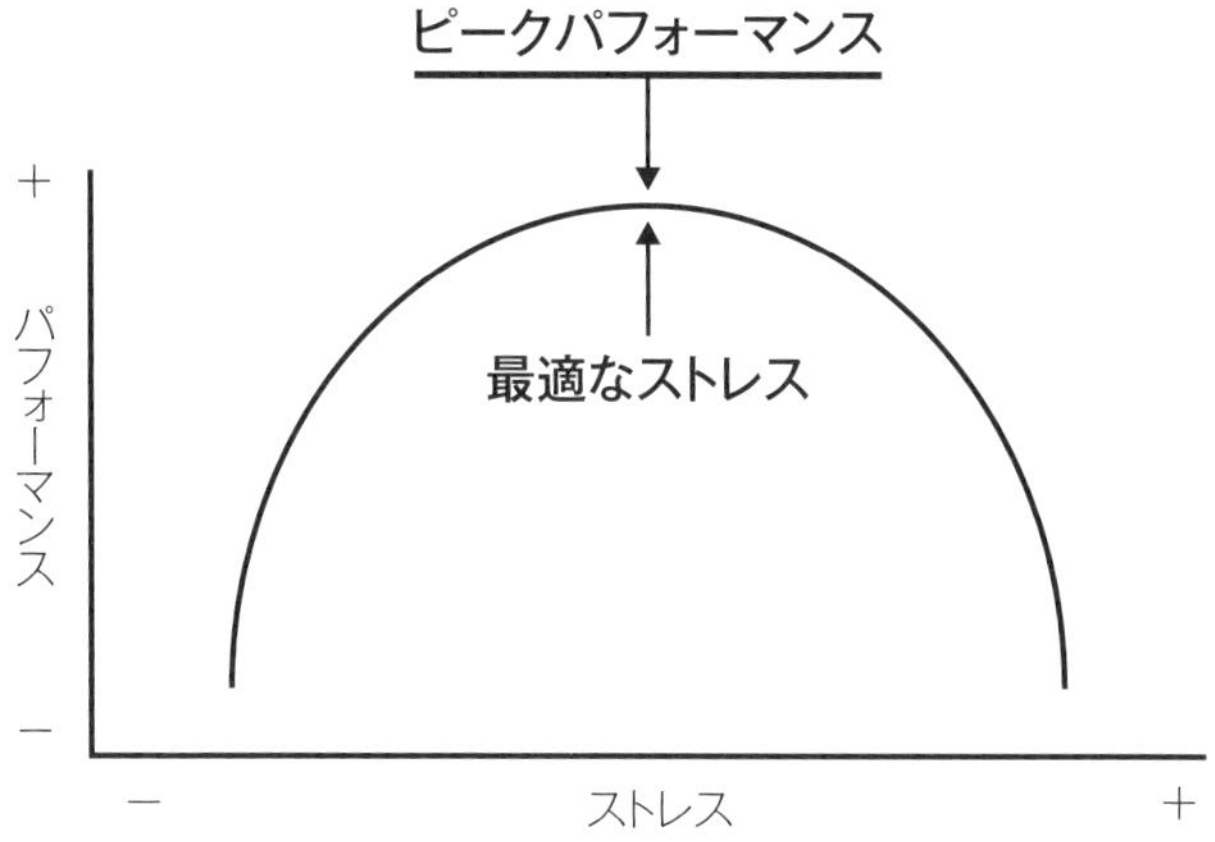

と、ほどよい緊張感を生むストレスを与えることができると考えられる。出席者は集中力が高まり、より真剣に取り組むようになるだろう。

もし可能であれば、通常は60分のミーティングを、試しに50分まで短くしてみよう。通常が30分であるなら、25分にしてみる。

この対策だけで、パーキンソンの法則のネガティブな影響の一部を避けることができるはずだ。

それに加えて、時間の節約にもなる。たとえ数分から10分ほどであっても、出席者全員の分を合わせればかなりの節約になるだろう。

そして最後に、ミーティングの時間を少

し短くすると、**「次に控えているミーティングにずれ込まない」**という効果もある。

開始が10分遅れると「非協力的」になる

1章でも見たように、ミーティングが1つ終わったら、またすぐに次のミーティングが始まるというのは特に珍しいことではない。そして間に移動時間が入っていないと、後のミーティングの開始が遅れがちになる。

私は以前に、同僚と共同で「ミーティング開始時刻の遅れ」について調査したことがある。その結果、**ほぼ50%のミーティングが遅れて始まっている**ことがわかった。開始が遅れるのは、時間通りに来ている人にとってはおもしろくない事態だ。

特に心配なのは、この不満がミーティング全体に広まりがちなことにある。たとえば、**開始が10分遅れると、お互いの発言をよく聞かず、口を挟んで妨害する傾向が高まる**ことがわかった。

この結果を見れば、遅れて始まったミーティングに、高い生産性を期待できないことがよくわかるだろう。新しいアイデアも、いいアイデアもめったに生まれない。

ミーティングの時間を5分から10分短くすれば、次のミーティングに影響が出ることはない。

移動の時間を作るなんて、まるで学校の時間割のようだと思うかもしれないが、仕事の場でもこの習慣を始めたのはおそらくグーグルだと思われる。少なくとも、この習慣を大々的に取り入れたのがグーグルであることはたしかだ。

創業者のラリー・ペイジは、2011年にCEOに就任すると、真っ先にした仕事の1つが、社員にあてて「ミーティングとミーティングの間にトイレ休憩を入れるべきだ」というメモを出したことだという。

そのメモをきっかけに、グーグルでは「50／25ルール」が導入された。これは、1時間のミーティングを50分に、30分のミーティングを25分にそれぞれ短縮するという意味だ。

グーグルカレンダーを「Google仕様」にする

現在、このルールは、業界を問わず数多くの企業で採用されている。

大手会計事務所・コンサルティングファームのプライスウォーターハウスクーパース（PwC）の従業員の一人に話を聞いたところ、社内では「PwCはグーグルになる」というキャンペーンが始まったという。

「たしかに『ミーティングは50分でいい』という空気にはなりましたね」と、話を聞いた社員は言っていた。「個人的に、これはありがたい変化です。50分たったら堂々と席を離れて次のミーティングに向かったり、次のミーティングの準備を始めたりできますから」と、彼女は続けた。

自分の会社でもグーグル方式を採用したいと思った人には朗報がある。それは、グーグルが出している予定表アプリの**「グーグルカレンダー」**だ。会社のスケジュール管理で、このアプリを使っているという人も多いだろう。

グーグルカレンダーは、簡単な操作で、ミーティング時間の初期設定を好きな長さに変えることができる。「設定」メニューを開いて「会議の迅速化」という項目にチェックを入れれば、「30分間の会議は5分前に終了し、それより長い会議は10分前に終了」するように設定できる。

たしかにこの方法はミーティングのスピードアップにつながるが、私はさらに過激な方法に興味を持っている。それは、**「ミーティングの超・迅速化」**だ。

「10分のミーティング」を決まった時間に詰めて回す

30分や1時間のミーティングを短くするのではなく、**そもそも最初から、10分や15分といった極端に短い時間に設定する**――これが、ミーティングの超・迅速化だ。

軍隊、消防隊員など救急現場で働く人たち、病院などでは、むしろこの種のミーティングが一般的になっている。事故などの状況を素早く報告し、対応の成否とその原因を探るには、この方法がいちばん効果的だからだ。

超迅速ミーティングに関するある調査でも、このミーティングによって、個人もチームもパフォーマンスを大きく向上させることができると絶賛している。

話し合う内容が明確で、段取りもきちんとしているなら、超迅速ミーティングには大きなプラスの効果がある。そもそも人間は、集中力の持続時間に限界があり、体力も無尽蔵ではない。

現在、短いミーティングは多くの企業の間で急速に広まっている。

たとえば世界的テクノロジー企業のパーコレートでは、ミーティングの時間は「15分」

と決められている。これより長くなったり短くなったりすることもないわけではないが、それでも15分という原則はできるだけ守るようにしているという。

また、グーグル幹部、ヤフーCEOを歴任したマリッサ・メイヤーも、短いミーティングの信奉者として有名だ。彼女はまずミーティング用にまとまった時間を確保し、**その中に「10分間のミーティング」をたくさん詰め込む**。その結果、ミーティングが週に70回もある事態になってしまうこともあるが、従業員のニーズにはよりきめ細かく対応できるようになったという。さらには、ミーティングの予定を入れるのも簡単で、プロジェクトの遅れも少なくなった。

そして10分間という長さは、彼女だけでなく、他の出席者にとっても効果的だったようだ。時間が短いので、**誰もが目的を明確にしてミーティングに臨むようになった。**

「ハドル」——アップル、ホワイトハウスが導入したミニマムな会議

この短時間で集中して行うというスタイルをさらに突きつめると、少し前にも登場した**「ハドル」**と呼ばれるミーティングになる。

「ハドル」とは「集まる」という意味であり、スポーツの世界では、試合中に選手やコーチ陣が集まって戦術などを確認する短い話し合いのことを「ハドル」と呼んでいる。企業でも、ハドル形式の短いミーティングを採用するところが増えてきた。

たとえば、3章にも登場したRSCバイオ・ソリューションズも、戦略立案、議論、モニタリング、士気高揚、お祝いなどでハドルを活用している。他にも、アップル、デル、ザッポス、リッツ・カールトン、キャピタル・ワンといった幅広い業種の企業から、オバマ政権時代のホワイトハウスまで、ハドルを採用している組織は多い。

ビジネスの世界で行われるハドルの特徴は、次の通りだ。

・長さは「10分」か「15分」
・毎日「同じ時間」に行われる（または一日おき）
・「時間通り」に始まり、「時間通り」に終わる
・「午前中」に行われる
・「同じ場所」で行われる
・「出席者」はいつも同じ
・「全員出席」が原則。出張等でその場にいないときは電話やビデオ会議で出席する

「ハドル」で話せること

①何が起こったのか？　大きな成果は何か？	②これから何が起こるのか？
・昨日から「新しく達成したこと」は？ ・昨日から何を「完成」させたか？ ・自分、またはチーム全体で、ここで伝えるような「大きな成果」は何かあったか？ ・クライアントの「最新情報」で伝えるべきことはあるか？	・今日は何に取り組むか？ ・今日の最優先事項は？ ・今日いちばん大切な仕事は？ ・今日、または今週の最優先事項を3つ挙げるとしたら？
③カギとなる「評価基準」と照合する	**④「障害」との関係性を図る**
・「会社がもっとも重視する3つの評価基準」に照らし合わせると、私たちの仕事はどう評価されるか？ ・「自分たちのチームがもっとも重視する3つの評価基準」に照らし合わせると、私たちの仕事はどう評価されるか？	・何が自分の進歩を妨げているか？ ・今の段階で何らかの障害に直面しているか？ ・チームで解決できる問題はあるか？ ・自分の進歩が遅くなる要因は何かあるか？

・可能なら立って行う

　ハドルで話し合う内容は、リーダーやリーダー役の出席者が自由に決めることもできるが、基本的には、上の表にあるような4つのカテゴリーから1つかそれ以上選ぶことになる。

　表の質問以外にも、そのときに現れた優先課題やニーズに合わせた質問を作ることもできる。

　たとえば、以前に仕事を一緒にしたある会社には、「部署を超えた協力関係を作る」という目標があった。そこで、週に1回、その目標に特化したハドルを行うことにした。たとえば、協力関係を阻む問題について話し合ったり、協力関係の成功例を報告したりする。

または、出席者それぞれに「特に困っている問題」を明確にしてもらってもいい。そして、そのようなハドルの結果を総合し、組織全体で取り組む課題を決めるとともに、その進捗状況をモニターする。

「時間がかかる」くらいなら話し合うのをやめる

ハドルで大切なのは、リーダー役からの質問に、すべての出席者が迅速に答えることだ（もちろん、答えられない事情がある場合はそのかぎりではない）。さらに、ハドルは効率性を重視するので、出席者の答えも簡潔でなければならない。

また、「ハドルの目的は単なるリーダーへの報告ではない」ということも周知させる必要がある。リーダー役を持ち回りにすれば、メンバーもその考え方を理解しやすくなるだろう。

ハドルの目的は、「メンバー同士のコミュニケーションを促進すること」だ。ともに考え、ともに学び、お互いに支え合う環境を作ることを目指している。

ハドルの特徴は何よりもその短さなので、**突っ込んだ話し合いというよりは、お互いに顔を合わせることが主な目的**だと考える。ハドルの間に何らかの提案やアイデアが出ることもあるだろうが、その問題に関わっているのが出席者の一部であるなら、ハドルが終わってからも彼らだけで話し合いを続けられる。実際のところ、ハドルからハドルへの移動の時間は、有意義な会話のチャンスになることが多い。

問題が大きく、しかも出席者のほとんどに関係があるのなら、その問題のために別のミーティングをセッティングするといいだろう。

ハドルで「チーム」がまとまる

2007年、雑誌『Inc.』に「ハドルの技術」という特集記事が掲載された。様々なリーダーによるハドル活用術が紹介されている、興味深い記事だ。

そこからいくつか実例を紹介しよう。

・ビショップ・ワイズカーヴァー（機械部品メーカー）

ビショップ・ワイズカーヴァーがハドルを導入したのは、異なる部署間のコミュニケーションを促進するためだ。それまでは、コミュニケーションの量がまったく足りていなかった。

CEOによると、ハドルでの情報交換が定着してからは、チームワークが格段に向上したという。**ハドルのおかげで部署間の連携が強化され、取り返しのつかないような失敗を避けられるようになった。**

・アドバンスト・ファシリティーズ・サービス（総合ビル管理）

長期の戦略目標を確認する目的で、CEOの発案で経営幹部が集まるハドルが行われるようになった。出席者は、四半期目標、年間目標を達成するために行うこと、前日の成果と課題を発表する。持ち時間は1人につき1分だ。**このハドルによって経営幹部のチームワークが促進され、またCEOにとっては問題をすぐに発見できるという利点がある。**

一般的に、ハドルのもっとも大きな効果は、チームの一体感を高めることだ。メンバー同士が協力的になり、情報や問題を迅速に共有できるようになる。問題解決と説明責任が促進され、盲点を見逃さず、チームとしての目標が明確になり、すぐに行動を起こせるようになる。

つまり出席者がお互いに協力し、成功を目指せるようになるということだ。

「会議が長引く」デメリットはとてつもなく大きい

ハドルを導入するときに問題になるのは、「メンバーが忙しすぎて時間が取れない」ということだ。たしかにそうなってしまうのは理解できる。つねに仕事に追われているような状況なら、しょっちゅう集まる時間なんてないと感じてしまうだろう。

とはいえ、これまで様々な組織でハドルを導入し、その効果を検証してきた経験からいうと、**ハドルは小さな投資で確実に大きなリターンを生み出す存在**だ。メンバー間のコミュニケーションが促進され、協力関係が深まると、仕事が効率化されて最終的には時間の節約になる。

このように効果の大きいハドルだが、気をつけなければならない点が2つある。

1つは、**ミーティングの総時間が増えないようにすること**。そもそも短いミーティングは、長いミーティングの代わりになることが期待されている。言い換えると、「現在の長いミーティングをやめて、代わりに短いハドルを頻繁に開きましょう」ということだ。長いミーティングの他にハドルを行うのではない。

もちろん、ハドルで持ち上がった問題について、さらに時間を取って話し合う必要があると判断されたのなら、そうしても一向にかまわない。私の知るある組織では、**「マジック・タイム」**という制度が導入されている。

マジック・タイムとは立って行われるミーティングで、必ず2週間に1回開催される（たとえば、「隔週月曜の朝10時から」というように）。ハドルで重要な問題が持ち上がり、さらに突っ込んだ議論が必要になった場合は、このマジック・タイムを使うことになる。こうすればハドルの時間が延びることはない。

もう1つの注意点は、前の注意点からもつながっているが、**ハドルの時間が延びないようにすること**だ。あらかじめ決めた時間より長くなるのは、絶対に避けなければならない。**私たちの調査でも、ミーティングが長引くことは、ミーティングの開始が遅れることよりも、出席者にネガティブな影響を与えることがわかっている。**

ミーティング後の活動が阻害されるだけでなく、出席者との間に交わされた時間の契約に違反しているということが大きな問題だ。この「契約違反」によって、出席者は大きなストレスや不満を感じるようになる。その結果、自分のパフォーマンスが落ちるだけでなく、メンバー同士のコミュニケーションの質も悪化することになるだろう。

やってしまったら「ビール」をおごる、もしくは「腕立て伏せ」する

終了時間をきちんと守っていれば、この種の問題が発生するのを防ぐことができる。

それに加えて、**終了時間がきちんと決まっていると、ミーティング中の集中力が高まるという効果も期待できる**だろう。だらだらと関係のない雑談をせず、てきぱきと進めることができる。

多くの企業が、「ミーティングの終了時間」を守ることを重視している。

たとえばグーグルでは、壁に巨大なタイマーが設置されている。ミーティング全体の時間や、ある特定の問題を話し合うための時間を事前に決めると、タイマーをその時間に設定して、すべての出席者が残り時間を把握できるようにするのだ。

また製品デザイン・開発企業の０３ワールドは、ミーティングの延長防止のために、「ルームボット」と呼ばれる独自のテクノロジーを活用している。ルームボットは、ミー

ティング終了時間が近づくと警告を出し、さらに部屋の照明まで暗くする。

もちろん、このようなハイテク装置を使わなくても、ミーティングを時間通りに終わらせる方法は他にもある。

たとえば、IT企業のトリッピング・コムでは、ミーティングが時間通りに終わらなかったら、**「リーダーが出席者全員にビールをおごる」**というユニークな決まりがある。

引っ越し・配送サービスのバディトラックはさらに過激で、ミーティングが時間オーバーになったとき、**「最後に発言していた人が腕立て伏せを50回する」**という決まりがあるそうだ。もちろん、たとえ冗談半分でもこういった決まりを作るのは、ミーティングの終了時間を守ることの重要性を認識しているからだ。

ここまで読んで、「うちでもハドルを始めよう」と思った人は、巻末の「『ハドル』導入チェックリスト」を参照してもらいたい。

長時間だと「CO_2」にやられる

本章で見てきたように、短いミーティングを導入することの利点はたくさんある。それでもまだ納得できないという人は、「健康のため」と考えてみよう。論理が飛躍していると思われるかもしれないが、あながちそうでもない。

米国エネルギー省管轄のローレンス・バークレー国立研究所が、ミーティングを行う物理的な場所についての調査を行った。その結果、**会議室のような密閉された部屋で人間が呼吸すると、時間がたつにつれて「二酸化炭素の濃度」が高くなる**ことがわかった。いわれてみれば当然のことだろう。

そして、**長時間にわたって二酸化炭素にさらされると頭がうまく働かなくなるということは、各種の研究によって証明されている。**たしかに、こういった悪影響が出るのは2時間半以上たってからだが、少なくともミーティングを短くする生理学的な根拠にはなるはずだ。

最後にスティーブ・ジョブズのミーティング哲学を紹介して、この章をしめくくることにしよう。

ジョブズは、①ミーティングの目的がすでに達成されたとき、②話し合いが堂々巡りで何も生み出していないときは、どんなことがあってもその場でミーティングを終わりにすべきだと考えていた。

私自身も、彼のこの考えに心から賛同している。特に②のケースでは、「すぐに解散し、時間をおいて集まる」または「別のコミュニケーション手段(メールなど)を使う」といった方法で、無駄なミーティングが勝利のミーティングに変わることもある。

POINT

「会議時間」がチームワークや脳にまで影響する

❶「パーキンソンの法則」によると、**ある作業が終わるまでの時間は、その作業に割り当てられた時間で決まる。**ミーティングもそれは同じだ。ミーティングごとの目標、議題、出席者などを考慮し、適正な長さを判断する。さらに一歩進んで、たとえば長さを「48分」にするなど、慣習や常識にとらわれないミーティングのあり方を考えてもいいだろう。

❷定例ミーティングを5分から10分短くする(たとえば、30分を25分に、60分を50分にする)。時間が短くなることでほどよい緊張感が生まれ、出席者の生産性が高く

なる。さらに移動時間ができるために、次のミーティングに遅刻しなくなるという利点もある。

❸毎日、または週一のごく短いミーティング**「ハドル」**を導入する。**時間は10分から15分**だ。時間が短いので、目標を明確にして、出席者の発言も簡潔でなければならない。本文で紹介したカギとなる質問を参考に、効率的に進めるようにする。

❹ハドルはとても効果的だが、注意点が2つある。

1つは、**ハドル中に出てきた問題の中には、ハドルの時間だけで解決できないものもある**ということ。その場合は別にミーティングを設定する。

もう1つは、**開始時間と終了時間を必ず守る**ということ。時間を守らないとハドルの効果を最大限に発揮することができず、出席者の不満も高まる。

5章 アジェンダ神話

「プラン」があればうまくいく？ とんでもない

行商の歴史は古く、薬や日用品を売り歩く人はいつの時代にも存在する。彼らが売っているのは、たいてい「問題を簡単に解決してくれる便利なもの」だ。それは軟膏や錠剤かもしれないし、はたまた恋の悩みに効く薬かもしれない。お金持ちになる方法や、敵をやっつける方法、さらにはムカつく上司を撃退する方法まで売ってくれることもある。

たいていの人は「簡単な解決策」に弱いので、彼らの商売は安泰だ。だってその方法があれば、深く考えなくてもいいし、詳細な分析も必要ないのだから。

しかし、簡単な解決策には、他にも大きな特徴がある。それは、**めったにうまくいかないこと**だ。

ミーティングにまつわる問題についても、簡単な解決策を教える本や記事がたくさん出ている。内容はどれもだいたい同じで、**「アジェンダ（提案内容・議題、あるいは会議の構**

成・目次）を明確にしろ」だ。これがミーティングにまつわるすべての問題を解決する万能薬ということになっている。

しかし残念ながら、これも簡単な解決策の例に漏れず、**効果はほぼ期待できない。**

ミーティング関連の本は、だいたい「アジェンダの重要性」を力説することから始まっている。そうでない本を見つけるのは至難の業だ。しかし、アジェンダに関する研究によると、**どうやらアジェンダにそこまでの力はないようだ。**

私自身、キャリアの初期に、ミーティングのベストな構成に関して2つの研究を発表している。どちらの研究でも、**明確なアジェンダの有無は、ミーティングの生産性にほとんど関係ない**ことが明らかになった。

しかも私以外の研究は、アジェンダにとってさらに厳しい結果になっている。**出席者から見たミーティングの質と、明確なアジェンダの有無の間に、まったく関係が認められなかった**というのだ。

以上を総合すると、次の結果が導き出される——アジェンダそれ自体に、ミーティングを向上させる力はほとんどない。それに加えて、ある1つのアジェンダが複数のミーティングで使い回しにされるという現象もよく見られる。

「日付」だけが違う紙がほとんど

2003年、コンサルティング企業のマラコン・アソシエイツと、エコノミスト・インテリジェンス・ユニット（『エコノミスト』の調査部門）が、世界197の企業の経営幹部に関する研究を行った。選ばれたのは大企業ばかりで、年間売上げは最低でも5億ドルだ。

その調査によると、対象になった企業のおよそ半数で、**経営幹部のミーティングで使われるアジェンダは、すべてのミーティングでまったく同じだったか、またはただその場しのぎで考えたアジェンダだった**という。

私自身も、クライアントとの仕事を思い返してみると、ミーティングごとのアジェンダでどこか変更点があったとすれば、それは紙の左上に書いてある日付だけだったということがよくあった。

この章では、よくある「アジェンダの落とし穴」を避ける方法を見ていこう。また、アジェンダの作成を、戦略という視点から考えていく。他のメンバーも巻き込みながら、真の目標が明確に伝わる効果的なアジェンダを作ることを目指す。

ここで大切なのは、ただアジェンダを決めればいいわけではないということだ。ベンジャミン・フランクリンの有名な言葉、**「準備に失敗するのは、失敗の準備をするのと同じである」**という言葉を思い出そう。アジェンダにも、同じことがあてはまる。

「近況報告」は（してもいいが）手短にまとめる

ミーティングのアジェンダを決めるのは、イベントの計画を立てるのと同じだ。

たとえば結婚式などのイベントの計画を立てるときは、細部を詰め、全体の流れを確認し、出席者に最高の体験を届けようとするだろう。ミーティングの計画を立てるときも、同じ心構えで臨む必要がある。

何を大げさなと思うかもしれないが、決してそんなことはない。ミーティングを開催する費用を、出席者の人件費という観点で考えれば、一度のミーティングで1000ドルから3000ドルかかるのも珍しいことではない。1000ドルから3000ドルかかるイベントはかなり大がかりなものなので、綿密な計画が必要だというのもうなずけるはずだ。

それと関連して、ミーティングのリーダーは、出席者から時間をもらい、体験を提供するという特異な立場でもある。クライアントとのミーティングや、聴衆を集めたワークショップであれば、準備をせずに臨むなど考えられないだろう。

チームメンバーが相手のミーティングも、同じことだ。社内のミーティングも、クライアントとのミーティングと同じようにしっかりと準備する。そのためには、まず「このミーティングで絶対に達成したいこと」を明確にしなければならない。

ミーティングを行うのは、出席者全員が本当に顔を合わせる必要があるときだけだ。もちろん、ミーティングには「お互いの状況を報告し合う」という側面もあるが、**これが話し合いの大部分を占めるようなことがあってはならない**。もしわざわざ集まらなくても解決できる問題なら、他のコミュニケーション手段のほうがより効果的だろう（メモやウェブ会議など）。

「議論」すべきことを議論する

ミーティングに適した議題の例をいくつか挙げよう。メンバーが実際に集まることが必要とされる議題だ。

・チームが直面している、またはこれから直面すると考えられる「リスク」や「困難」を明確にする
・進捗状況を評価する「基準」を決める
・中心的な「プロセス」、または「変化」を評価する
・「うまくいっていること」「いっていないこと」（改善の余地があること）を話し合う
・「カギとなる情報」や「方針の変更」を理解し、メンバーに「周知徹底」する
・何らかの行動、および計画・戦略の立案を呼びかける
・重要な問題を解決し、チームとして「決断」を下す
・行動を振りかえり、そこに「学び」があるか話し合う
・個人やチームの「大きな成功」を認め、チームとして祝う
・短期・長期の「展望」を話し合う
・「新しいチャンス」を見つけ、それについて話し合う
・具体的な「チームワークのあり方」を話し合う
・「予算計画」を立てる、「予算の問題」を見つけて調整する
・「人材」に関するネガティブなこと・ポジティブなことを話し合う
・新しい製品やアイデアを発表し、「フィードバック」をもらう

このリストに加え、**チームのメンバーや出席者にアジェンダを提案してもらうことも大切だ。**そもそもミーティングはリーダーだけのものではない。出席者全員で体験するイベントだ。だから当然、全員の意見を反映させるべきだろう。

インテルCEOの考える「もっとも重要」な議題

前に登場した元インテルCEOのアンディ・グローブも、**「もっとも重要な議題は、メンバーの中にあるもやもやした不安や疑問をはっきりさせることである」**と言っていた。グローブの言葉の正しさは、数々の研究によっても証明されている。

自分の考えやアイデアを話すように促され、生の声をきちんと聞いてもらったと感じた従業員は、チームや組織により強い帰属意識を持つようになる。これをミーティングにあてはめると、出席者がより真剣にミーティングに取り組むということだ。

ミーティングのアジェンダに出席者の意見やアイデアも加えると、出席者全員が本当に興味のある議題を選べる確率を上げることができる。そのための方法は簡単だ。**ミーティングの3〜5日前に出席者全員にメールを出し、「ミーティングで話し合いたい議題」を**

挙げてもらうだけでいい（その際、その議題を選んだ理由もあわせて書いてもらうとなおいいだろう）。

しかし、**メンバーの意見を求めるのもたしかに大切だが、最終的にミーティングを仕切るのは自分だということも忘れてはいけない**。メンバーの意見は真剣に聞くべきだが、次のミーティングの議題にはふさわしくないと判断したのなら、あなたの取るべき道は２つある。

１つは、その問題に関係のある人だけを集め、ミーティングとは別の機会で話し合う。そしてもう１つは、「将来のミーティングで話し合う」という選択肢だ。

ここで絶対にしてはいけないのは、「メンバーの意見を完全に無視する」ことだ。意見を求めたのなら、何らかのアクションを起こさなければならない。

ミーティングの議題と目標の候補が決まったら（それは自分で考えたものかもしれないし、メンバーからのインプットかもしれない）、ミーティングのリーダーであるあなたは、議題と目標の候補を慎重に吟味して、時間をかけて話し合う価値があるかどうかを判断しなければならない。

価値はないと判断したのなら、その議題は除外する。その他にも、**一部のメンバーには**

関係があるが、メンバー全員の問題ではないと判断した議題も除外する。

後者の議題については、ミーティング以外の別の機会で対処したほうがいいだろう。

「話し合う順」で議論の中身が変わる

アジェンダの構築で次に行うのは、**「議題の順番」**を決めることだ。これはミーティングの成功に欠かせない作業になる。

1990年代初め、ミドルテネシー州立大学心理学教授のグレン・リトルペイジとジュリー・プールが、アジェンダの構成に関する興味深い実験を行った。

被験者を集めて3人から5人のグループを24作り、各グループにアジェンダを渡してミーティングを行ってもらう。アジェンダの中には、「臨時の秘書を雇う」といったことから「パソコンを600台購入する」といったことまで様々な議題が含まれており、難易度や重要度は議題によって異なる。2人の教授はミーティングを観察し、それぞれの議題に費やした時間を計測する。

この実験でもっとも興味深いのは、議題の順番をグループによって変えたことだ。その結果、**重要な議題だからといって、時間がたくさん割り当てられるわけではない**ことがわかった。**他の議題に比べてかなり多くの時間が割かれるのは、いつも決まって「最初に話し合う議題」**だ。

つまり、この実験からわかるのは**「順番は大事だ」**ということだ。深く考えずに順番を決めてしまうと、ミーティングの生産性は大きく下がることになる。

そこでまず必要なのは、ミーティングの最終的な目標を念頭に置きながら、それぞれの議題を戦略的な重要性に応じてランク付けすることだ(リーダーであるあなたが考えた議題と、メンバーから提案された議題の両方をランク付けする)。本当に大切なものと、ただ大切そうに見えるだけのものを厳密に区別しなければならない。

ここで注意してほしいのは、**早い決断が必要な議題のほうが、長期的な議題よりも必ずしも優先されるわけではない**ということだ。ミーティングの時間が、ただ目の前の火を消すことだけに費やされてはならない。問題に反応するだけでなく、より長期的な視点に立ち、能動的にアクションを起こすような議題も盛り込むべきである。

ハリウッド映画と「同じ構成」にする

ここまで確認したら、いよいよアジェンダ作りに取りかかろう。そのときに覚えておいてもらいたいルールをいくつか紹介する。

第一のルールは、**「並べたほうがいい議題」**を選ぶことだ。ある議題と、別のある議題を続けて話し合ったほうが、全体の流れがよくなり、アジェンダが1つの物語として理解しやすくなることもある。

第二のルールは、**どの議題も同じくらい重要だというのなら、メンバーから提案された議題を優先すること**。これは「メンバーの意見を大切に思っている」という明確なメッセージになり、チームの結束を強める効果がある。

第三のルールは、ミーティングの冒頭で**「ウォームアップ」**を行うこと。ミーティングは時間通りに始まるべきであり、すべての議題は同じように重要だが、「軽めの議題」を頭に持ってくれば、仮に遅刻した人がいたとしても対応できる。それに加えて、ミーティングの場を温めて、話し合いの勢いをつける助けにもなってくれるだろう。**「ちょっとし**

たお知らせ」や「最新の状況」を伝えるといったことが、会議のウォームアップとして活用できる。

ここで注意したいのは、ウォームアップの時間を長引かせないことだ。**全体の長さの10〜15%の時間がたつまでには、そのミーティングでいちばん重要な議題に入らなければならない。**そうすることで、いちばん重要な議題を話さずに終わってしまったという事態が避けられるだけでなく、ミーティングの早い段階で出席者の集中力を高めることができる。

この点に関しては、『もしもハリウッド監督が会議を仕切ったら?』(東洋経済新報社)という本の中で、著者のパトリック・レンシオーニが述べていたことが参考になるだろう。私も彼の言葉に心から同意する。

「ミーティングのリーダーも(ハリウッド監督と)同じことをしなければならない。つまり、つかみが大切だということだ。正しい題材(もっとも論争を呼ぶ題材であることが多い)を冒頭に配置して、人々の頭をフルに回転させ、**結末を絶対に知りたいという気持ちにさせる。**説得力がある本物のドラマを作ることができれば、観客の興味を最後まで惹きつけておくことができるだろう」

「Q&A」でラストを締める

アジェンダは「物語」でなければならない。そしてもう1つ大切なのは、物語の筋書きがどうであれ、**結末はいつも同じでなければならない**ということだ。

ミーティングの最後で、必ずその日のまとめをすること。決まったことをおさらいし、メンバーそれぞれに割り当てられた仕事をもう一度確認する。次回のアジェンダができたのなら、それをメモしておくのも忘れないように。

さらに私のおすすめは、最後に**「Q&A」**のコーナーを持ってくることだ。このQ&Aの目的は、主にメンバー同士のコミュニケーションを促進することにある。質問の内容は、ミーティングで話した議題と関連することでもいいし、そうでなくてもかまわない。

気まずい沈黙が流れるのがイヤだというのなら、**質問の数を最初から決めておく**という方法もある。「ミーティングを終わりにする前に、みんなからの質問を5つまで答えたいと思う」などと言えば、Q&Aの時間を無駄なく使うことができるだろう。

ここまでは、効果的なアジェンダの構築方法について見てきた。

とはいえ、この章の冒頭でも触れたように、アジェンダさえあれば万事解決というわけではない。どんなに完璧なアジェンダを用意していても、それとはまったく関係のない話ばかりでミーティングが終わってしまったという経験は誰にでもあるだろう。

そこで次のステップは、アジェンダを実際のミーティングの場で効果的に活用する方法だ。考えるべき点は2つある。

1つは、「議題ごとに時間を割り当てるのか」ということ。そしてもう1つは、「議題ごとに話し合いの仕切り役を決めるのか」ということだ。

「議題ごとに時間を割り振る」——よさそうに思えてそうでもない

アジェンダの議題ごとに、割り当てる時間を決めるべきなのだろうか？　これはなかなか複雑な問題だ。

第一に、目標設定に関する研究からも、あらかじめ時間を決めておくことの効果は証明されている。集中力が高まり、行動を起こすのが早くなり、きちんと完成させる確率も高くなる。その一方で、**制限の強い状況では創造性が抑圧され、楽しみや柔軟性が奪われるというのも事実**だ。

それに加えて、パーキンソンの法則を思い出してみよう。私たち人間は、与えられた時間がどれくらいであれ、それをいっぱいまで使い切ろうとする生き物だ。つまり、**議題に割り当てられた時間によって、議論の中身も影響を受ける**ということになる。

割り当てられた時間が適正かどうかによって、いい影響にも悪い影響にもなる――ここでいちばん心配なのは、**議題と割り当てられた時間のミスマッチが起こると、議論の中身が犠牲になる**ということだ。

ミーティングの最中にミスマッチがあることに気づいたら、リーダーはその場で正しい時間に変更することができる。なんだ、簡単な話ではないかと思うかもしれないが、誰もが経験から知っているように、**応急処置が真の解決策になることはめったにない**。

問題にリアルタイムで対処するという方法には、2つの欠点がある。1つは、必ずしもその場で問題があることに気づけるわけではないこと。そもそも「これで正しい」という思い込みがあるので、物事の本当の姿を見るのは困難だ。

そしてもう1つは、これが先例となり、今後のミーティングであらかじめ割り当てた時間が尊重されなくなるかもしれないということ。そうなってしまっては本末転倒だ。

以上のような要素が組み合わさり、議題ごとに時間を割り当てるという方法は、なかなか一筋縄ではいかないものになっている。

タイムテーブルを「事前」に見せる

時間の割り当てを決めるかどうか迷ったら、私がいつも使っているルールを試してみてもいいだろう。個人的には、**「時間の割り当て」は1つの手段であり、必ず時間を決めなければいけないわけではない**と考えている。

以下の質問に1つかそれ以上「はい」と答えた場合にかぎって、時間の割り当てを検討してみる価値はあるだろう。

・出席者が小さなことにこだわって話が先に進まないことが多いか？
・話がわき道にそれることが多いか？
・ミーティングがマンネリ化しているので、何か新しいことを始めて気分を変えたいと思うか？（時間の割り当てをすでに行っている場合を除く）

・同じメンバーが出席するミーティングで過去に時間の割り当てを行ったことがあるか？　もしあるなら、そのときは効果があったか？

・チームのメンバー以外も出席するミーティングで、ゲストを最初から最後まで拘束したくはないと思っているか？　もしそうなら、議題ごとに時間を割り当てるのはこの問題を解決するいい方法だ。**議題ごとに時間が決まっていれば、ゲストは自分に関係のある議題の時間になったら出席し、終わったら帰ることができる。**この方法については、6章でミーティングの大きさについて考えるときに詳しく見ていこう。

・「特にこれだけはきちんと話し合っておきたい」という議題はあるか？

時間を割り当てることに決めたのなら、次は「それぞれの議題にどれくらいの時間を割り当てるか」を考える。

ここは慎重に考えてもらいたい。いうまでもないことだが、議題の重要度に応じて、割り当てる時間を決めるべきだ。そう書くと簡単そうだが、実際のところは一筋縄ではいかない。「質問は出るか」「意見が対立して言い争いになるか」といったことも考慮に入れる必要があるからだ。

私がいつもすすめているのは、**リーダーだけで決めるのではなく、自分の原案をメンバ**

ーに見せ、意見をもらうという方法だ。

そして最後に、メンバーから定期的にフィードバックをもらうのも忘れないように。彼らの意見も参考に、割り当てた時間が適切だったか、このやり方でうまくいっているのかを判断する。

「複数の人間」で回す——アップルはそうしている

もちろん、ミーティングの最終的な責任者はリーダーであるあなただが、メンバーにも権限を与えることが戦略的に必要になることもある。

たとえば、ある議題をそれに関わる「関係者」に任せるという方法が考えられるだろう。ミーティングでその議題を話し合うときに、関係者がリーダーとして取り仕切る。ミーティングが終わってその議題を行動に移すときも、その人物が責任を持つことが多い。

研究によると、**ある仕事の責任者を明確にすると、説明責任が担保されるようになる**という。責任の所在がはっきりしているので、誰がやるのかわからずそのままうやむやになることはない。つまり、ミーティングで決まったことが、きちんと実行されるということだ（ミーティングが成功したといえるには、これは欠かせない要素だろう）。

ミーティングの議題ごとに責任者を割り当てるという手法は、多くの組織で活用されている。なかでも有名なのはアップルだろう。アップルでは、この手法を「DRI」（directly responsible individual の頭文字。直接的な責任がある個人という意味）と呼び、ミーティングの標準的な手法として採用している。それぞれの議題ごとにDRIが決まっていて、誰がどの議題のDRIであるかはメンバーの全員が知っている。

また、DRIの制度には、責任者を明確にすること以外にも様々な効果がある。たとえば、①出席者の「当事者意識」が高まる、②個々のメンバーが「ミーティングを率いるスキル」を磨くことができる、③様々な人がリーダーを務めることでミーティングの内容が「刺激的」になる、といったことだ。

ちなみに、DRIの人選はミーティング前に決まっているとはかぎらない。ミーティングの最中に決まることもあれば、ミーティングの後に決まることもある。いずれにせよ、ここで大切なのは、DRIを決めて責任の所在を明らかにすることだ。

最後に「話し合い方」を決める

アジェンダ構築の最後のステップは、議題を議論の俎上に載せる方法だ。

ミーティングの前に、「何」を話し合うかを考える人はたくさんいるが、それを「どうやって」話し合うかまで考える人はほとんどいない。本書の9章で、その「どうやって」のテクニックをたくさん紹介しているので、ぜひ参考にしてもらいたい。

出席者の経歴や人となり、議題、隠れているかもしれない落とし穴などを考慮して、どのテクニックを使うかを決める。ミーティングのリーダーは、ミーティングの効果をより広い視野からとらえ、ミーティングに費やした時間がすべての出席者にとって有意義な投資になるように心を配らなければならない。

必要が出たら「いいプラン」から逸れる

ミーティングのアジェンダには様々な形があり、どれか1つが正解というわけではない。それでも、この章で学んだことを総合して、お手本になるようなアジェンダを次ページにまとめておいた。ぜひ参考にしてもらいたい。

巻末のツールにある「『アジェンダ』のテンプレート」も活用してもらいたい。

そして最後に、ここまで触れてこなかった問題についてQ&A形式にまとめ、この章を

「アジェンダ」のサンプル

開催日:2017年1月22日　時間:午前10時~10時50分
場所:カンファレンスルーム4025

ミーティング時間を50分にすることで次のミーティングへの移動時間を確保する

議題1:短いお知らせ、前のミーティングが終わってから起こった新しい出来事などを報告
サムとラトヤから調整の問題について報告
どう進めるか:短くすませる
準備:なし
時間:4分以内

議題の提案を求めたら大事な問題がいくつか浮上した。リーダーにもフォローの必要な議題が2つある。4分と時間を決めることで長引かないようにする

議題2:第2四半期の目標達成に関する問題点を明確にし、遅れを取り戻すための解決策を考える
どう進めるか:議論を仕切るのは私。しかし結論が出たら、内容に応じて行動の責任者を決める
準備:アイデアを前もって考えておく
時間:およそ20分

前回のミーティングでこの議題のパート1を話し合った。代替案について話し合ったが、まだ行動には移していない。**パート1と2に分けることで、ミーティングとミーティングの間にそれぞれがじっくり考えることができる。**それにリサがDRIだとはっきりわかる

議題3:どの製品のブランディングキャンペーンを行うか決める——パート2
どう進めるか:リサが仕切る。まず各メンバーの意見と、そう考える理由を聞き、その後で話し合いに入る。最後に意見を総合して結論を出す。ベンダーとの折衝はリサ
準備:先週出た案を見直す
時間:およそ20分

このリーダーが行うミーティングの伝統。メンバーがお互いの支えや協力に感謝し、健全なチーム作りに役立てる

議題4:感謝の時間
どう進めるか:ジャクソンが仕切る
準備:感謝の気持ち☺
時間:およそ5分

透明性と良好なコミュニケーションを促進することが目的。この時間があるおかげで、メンバーの心配事やニーズに迅速に対応することができる

議題5:Q&A
この時間を使ってメンバーの心配事や疑問に答える

しめくくることにしよう。

Q．アジェンダはミーティングのどれくらい前までに配布しておくべきか？

A．一般的に、**「2、3日ぐらい前」**がちょうどいいだろう。出席者にも準備が必要なことを話し合うのなら、アジェンダを前もって渡しておくことが特に大切になる。どんな準備をすればいいかがわかっていれば、ミーティングの生産性も上がるだろう。

9章では、前半を準備の時間にするという形のミーティングについても見ていく。出席者に前もって準備してもらうのではなく、**「その場で準備の時間を与える」**というやり方だ。こうすることで、すべての出席者が同じ量の準備をしてミーティングに臨むことができる。このやり方については、後でまた詳しく見ていこう。

Q．アジェンダはどれくらい厳密に守るべきか？

A．ミーティングのリーダーは、ときに柔軟な対応が求められる。ミーティングの直前になって、急に何か大きな問題が持ち上がることもあるだろう。もちろん予定通りに進めるのが理想だが、それができないこともある。**もし必要なら、アジェンダにとらわれず、臨機応変に対応してもかまわない。**

Q．アジェンダに関して、リーダーの意外な行動がいい結果につながった例はあるか？

A．私の知っているあるリーダーは、ミーティングの終わりに、ミーティング中のメンバーの言葉や行動を具体的に挙げて感謝するようにしている。あまりやりすぎると形骸化する恐れもあるが、こうやってポジティブなフィードバックを与えることで、ミーティングを向上させる言葉や行動が増える効果が期待できるだろう。

Q．特に話し合うことがないときは、ミーティングをキャンセルしてもいいのか？

A．**もちろんだ。ぜひともキャンセルしてもらいたい。**

POINT

計画的に「計画」を立てる

❶ミーティングに関する本は、どれも「アジェンダさえあれば万事解決」という論調が目立つ。しかし、様々な研究によると、**アジェンダさえあればミーティングの成功が約束されるわけではない。**

❷アジェンダを効果的に活用するには、リーダーが「ミーティングをどう進めるか」を念頭に置きながらアジェンダを構築することがカギになる。**アジェンダ作りはイベントの計画と同じ**で、よく考えて練らなければならない。いいアジェンダを作るコツは、出席者のアイデアを募ることだ。こうすることでチームや組織のニーズに対応し、さらにメンバー全員が当事者意識を持つことができる。

❸**毎回「新しいアジェンダ」を考えること！** 日付を変えただけの使い回しは厳禁。また、これまで議題ごとに所要時間を決めていなかったという人は、これを機会に試してみよう。近況報告をいつもミーティングの頭に行っているのなら、目先を変えてたまには終わりに持ってくるのもいい。いつも出席しないメンバーがいるのなら、その人に何かの議題を任せるという方法もある。**アジェンダとミーティングは、つねに新鮮でなければならない**。

6章 「人数」の科学

大きいことは悪いこと

この章の準備をするために、私はある会社員にインタビューをした。彼の名前は、仮に「ジョー・S・ラッカー（怠け者のジョー）」としよう。ジョーは規模が大きい、出席者が多いなど、いわゆる**「大きなミーティング」**が大好きだ。彼との会話を再現する。

私：今日はありがとうございます。あなたが「大きなミーティング」が大好きだというのは本当ですか？

ジョー：本当です。大きければ大きいほどいい。私にとっては、人数が多すぎて椅子が足りなくなるようなミーティングが理想的です。そうすればテーブルから離れて、壁際に立っていられますからね。

私：大きなミーティングのいい点について、もっと教えてください。

ジョー：とにかくリラックスできるところですね。

私：……その答えは予想していませんでした。もう少し詳しく話してもらえますか？

ジョー：**大きなミーティングは息抜きの時間なんです。**同僚のおもしろい発言に笑ったりしてね。人が集まる場所で特におもしろくなる同僚が2人ほどいるんですよ。それにたまったメールを読むこともできます。

私：なるほど。

ジョー：話に合わせてうなずいたりしていれば、まわりはちゃんと聞いていると思うでしょう？ それに最低でも1回か2回は発言して、自分の存在も主張しています。**大きなミーティングのほとんどは、自分の仕事にそれほど関係ありませんから。**まあそれでも、1回のミーティングにつき1つぐらいは新しく学ぶことがあります。

「とりあえず関係者」というお決まりのパターン

「大きなミーティング」（「肥大したミーティング」ともいう）は、どこの組織にも必ず存在する。私がミーティングに関する意識調査を行っても、「出席者が多すぎる」という答えがよく返ってくる。実際、ミーティングの50％は、出席者が2人かそれ以上多すぎる状態だと考えられる。

そうなってしまういちばんの原因は、**「みんな一緒に」の精神**だ。ミーティングの目的に照らし合わせて出席者を選ぶのではなく、「とにかく関係する人みんな呼んでおけば、後で文句を言われる心配もない」と考える。いずれにせよ、動機が何であれ、**大きすぎるミーティングは間違いなく非生産的**だ。

この章では、大きすぎるミーティングの問題点を明らかにするとともに、誰にも「のけ者にされた」と感じさせることなく、ミーティングの規模を小さくする方法について見ていこう。

7人以上の集団で10％「決める力」が低下する

ミーティングの原動力は、出席者の知識、スキル、能力であり、それ以外の何ものでもない。そのため、出席者を増やせば、それらの総量も増え、ミーティングの目標を達成する確率も高くなる——たしかに理屈で考えればその通りであり、ミーティングの規模が大きくなるほど生産性も高まりそうだ。

しかし、現実はそうはならない。マルシア・ブレンコ、マイケル・マンキンズ、ポール・ロジャースは、著書『決断と実行：ブレークスルー・パフォーマンスを実現する5つのステップ（Decide & Deliver: 5 Steps to Breakthrough Performance in Your Organization）』の中で、コンサルティング会社のベイン・アンド・カンパニーが集めたデータを使った研究を紹介している。

研究によると、**意思決定のために集まったグループで、メンバーが7人以上になると、1人増えるごとに効果的な決断力がおよそ10%減少する**という。これは大きなミーティングにとって厳しい数字だ。

また、専門誌『グループ・ダイナミクス』にも似たような研究が発表されている。97の作業グループを対象に調査したところ、**メンバーの人数が多いほど、グループへの不満や非生産的な行動（個人間の争い、利己的な行動、リソースの無駄づかいなど）が多くなる**ことがわかったのだ。

大きなミーティングほど、効果的に仕切るのが難しくなるのは明らかだ。議題とは直接関係のない人たちの意見まで聞いていると、まとまるものもまとまらなくなってしまう。

そしておそらく、さらに深刻な問題は、人数が多くなるほど、いわゆる**「社会的手抜**

き」と呼ばれる現象が起こることだろう。

綱引きの実験——8人いれば「半分の力」しか出さない

社会的手抜きとは、集団の人数が増えるほど、1人あたりの作業量が少なくなることをいう。つまり**人間は、人がたくさんいると、陰に隠れてこっそりサボろうとする傾向があるということだ。**

本章の冒頭に登場したジョー・S・ラッカー（仮名）も、まさに社会的手抜きを行っている。

社会的手抜きという現象を最初に提唱したのは、フランス人農業工学教授のマックス・リンゲルマンだ。彼は「綱引き」を使うという、とてもユニークな方法でこの現象を証明した。

まずボランティアの参加者を募り、グループに分けて綱引きをしてもらう。これをグループの人数を変えて複数回実施する。ロープには引っ張る力を計測する装置を取りつけ、1人あたりどれくらいの力を出しているかがわかるようにする。

実験の結果、グループの人数が多くなるほど、1人あたりが出す力は少なくなることがわかった。具体的には、1人の力を「100」とするなら、2人のグループになると「93」、3人のグループになると「85」の力しか出さない。そして**8人のグループになると、平均して100のうちわずか「49」の力しか出さない**のだ。

この種の実験は何度も行われたが、そのたびに同じ結果になっている。最近では、綱引きではなく叫び声を使って同じような実験が行われ、1人のときの叫び声を「100」とするなら、2人組になると「66」、**6人組になると「36」の叫び声しか出さない**という結果になった。

これらの実験からわかるのは、「人間は人数が多くなると怠ける」ということだ。他の人もやるとわかっているときは、全力を出さず、むしろ力の出し惜しみをする。

ミーティングの場合もそれは同じだ。出席者が多くなるほど、生産性は下がり、能率も悪くなる。1人あたりのパフォーマンスが低下し、グループ全体としてのパフォーマンスも低下する。

そこで究極の問題は、どうやって「適正な人数」を決めるかということになる。多すぎてもいけないし、少なすぎてもいけない。適正な人数がわかれば、ミーティングの生産性

郵 便 は が き

料金受取人払郵便

新宿北局承認

8449

差出有効期間
2021年11月
30日まで
切手を貼らずに
お出しください。

169-8790

154

東京都新宿区
高田馬場2-16-11
高田馬場216ビル 5 F

サンマーク出版愛読者係行

ご 住 所	〒　　　　都道府県	
フリガナ		☎
お 名 前		(　　　)
電子メールアドレス		

ご記入されたご住所、お名前、メールアドレスなどは企画の参考、企画用アンケートの依頼、および商品情報の案内の目的にのみ使用するもので、他の目的では使用いたしません。
尚、下記をご希望の方には無料で郵送いたしますので、□欄に✓印を記入し投函して下さい。
□サンマーク出版発行図書目録

1 お買い求めいただいた本の名。

2 本書をお読みになった感想。

3 お買い求めになった書店名。

市・区・郡　　　　町・村　　　　書店

4 本書をお買い求めになった動機は？

・書店で見て　　・人にすすめられて
・新聞広告を見て（朝日・読売・毎日・日経・その他＝　　　）
・雑誌広告を見て（掲載誌＝　　　）
・その他（　　　）

ご購読ありがとうございます。今後の出版物の参考とさせていただきますので、上記のアンケートにお答えください。**抽選で毎月10名の方に図書カード（1000円分）をお送りします。** なお、ご記入いただいた個人情報以外のデータは編集資料の他、広告に使用させていただく場合がございます。

5 下記、ご記入お願いします。

ご職業	1 会社員（業種　　）2 自営業（業種　　） 3 公務員（職種　　）4 学生（中・高・高専・大・専門・院） 5 主婦　　6 その他（　　）		
性別	男 ・ 女	年齢	歳

ホームページ　http://www.sunmark.co.jp　　ご協力ありがとうございました。

が高まるだけでなく、従業員の意欲も高まるだろう。これまでの研究で、**自分の仕事と関係のないミーティングに出席させられると、従業員エンゲージメントが下がる**ということがわかっているからだ。

そこでミーティングのリーダーであるあなたは、究極の決断を迫られる――いったい**「誰」**を出席させればいいのか？ **「適正な人数」**は何人だろう？

「誰」を出席させる？

ここからは、ミーティングに出席する人を決める具体的な方法について見ていこう。最初のステップは、いうまでもないことだが「ミーティングの目標」から考えることだ。

目標を念頭におき、リーダーは次の質問に答える。

①この議題に関する「情報」や「知識」があるのは誰か？
②この議題で「中心的な役割」を果たしているのは誰か？
③話し合われる内容についての情報を「必要」としているのは誰か？
④ミーティングで出た決定事項を「実行」に移すのは誰か？

この4つの質問に答えれば、ミーティングに出席すべき人はおのずと明らかになるだろう。しかし、関係のある人をすべて呼んでいたら、今度は人数が多すぎるという事態になってしまうかもしれない。

「人数」は？——グーグルは「10人ルール」、アマゾンは「ピザ2枚ルール」

ミーティングの人数は、社内の慣習でだいたい決まっているという企業もある。

たとえばテクノロジー企業のパーコレートは、ミーティングのルールを6つ決め、会社のウェブサイトに掲載するなどして広く社員に知らせている。そのルールの1つが、**「観客はいらない」**というものだ。

またアップルは、大人数のミーティングを嫌ったスティーブ・ジョブズの精神を今も受け継いでいる。そんなアップルの文化を象徴する2つの例を紹介しよう。1つは、ジョブズはミーティングの最中でも、この場に不要だと思った人は（丁重に）追い返したこと。

そしてもう1つは、とても有名な話だ。オバマ前大統領がテクノロジー企業のリーダーをワシントンDCに招いてミーティングを開いたときに、ジョブズはその招待を断っている。人数が多すぎて建設的な話し合いはできないと考えたからだ。

このように、「社内に大きなミーティングを避ける文化を創造する」というのも1つの方法だ。

それ以外では、経験からざっくりとした数字を決めておくという方法もあるだろう。たとえばグーグルでは、ミーティングの人数はどんなに多くても**「10人まで」**と決めている。

また、アマゾンには**「ピザ2枚までルール」**と呼ばれる決まりがあった。一度のミーティングに、ピザ2枚では足りないほどの人数が出席してはいけないというルールだ。あるメーカーには、出席者が7人を超える場合は上層部の許可が必要だという決まりがある。

情報伝達だけなら「1800人」出席可能

ミーティングに関する研究も、この種のルールをいくつか提案している。

たとえば、**「8―18―1800ルール」**。これは、問題解決や意思決定が目的のミーティングは8人まで、ブレインストーミングは18人まで、そして単なる情報伝達や連帯感を高めるための集まりなら1800人かそれ以上出席できるという意味になる。

それに加えて、凄腕のフリーコンサルタントで、ミーティングの問題にも詳しいジョン・ケロは、少人数グループの有効性に関する社会学の研究を参考に**「7人ルール」**を提唱している。

私も「7人」という数字に賛成だ。**意思決定と問題解決が目的であるなら、適正人数は7人かそれ以下**だと考えている。リーダーの仕切り能力が高いなら、8人から12人まで増やすことは可能だろう。「アイデアを生む」「アジェンダを構築する」「ハドルを行う」という目的なら、15人以下が適正人数だ。

いずれにせよ、リーダーの心得として覚えておきたいのは、**ミーティングの目的に照らし合わせて「必要最小限の人を呼ぶ」**ということだ。

呼ばれない人は「不安」になる

ミーティングに関する不満はどんな職場にもある。もっともよく聞くのは、ミーティングが多すぎるという不満だ。

それよりも悪い状況があるとすれば、おそらく**「自分だけがミーティングに呼ばれない」**というものだろう。

自分も関わっている仕事なのにミーティングに呼ばれないという事態になると、「のけ者にされている」「能力がないと思われている」といった不安がどっと押し寄せてくる。

認めたくはないかもしれないが、**私たちはミーティングに呼ばれると、社内での価値が認められていると考えて安心する傾向がある。口では「ミーティングが多すぎる」と文句を言っていても、内心では呼ばれたことを喜んでいる**のだ。

ミーティングのリーダーであるなら、どんなメンバーにも疎外感を与えたくはないはずだ。メンバー一人ひとりの意見を尊重し、全員が当事者意識を持つような企業文化を目指しているなら、「のけ者にされている」と感じる人が出るような行動は避けなければならない。

そこでリーダーは、ミーティングにできるだけたくさんの人を呼ぶことで、自分のまわりだけでも全員出席の精神を根づかせようとする。それに加えて、**ミーティングに誰を呼ぶかということは、社内政治の一部でもある。**たとえ当面の問題には必要ない人物でも、政治的に絶対に呼ばなければならないこともある。

そう考えると、**「ミーティングのリーダー」というのはまことにやっかいな仕事**だ。

ミーティングの人数は少ないほうがいいということはわかっている。人数が多くなると効率性が下がり、出席者の不満も高まるからだ。

しかしその一方で、ミーティングの内容にほんの少しでも関係のある人を除外すると、その人の心を深く傷つけ、関係が絶たれてしまうかもしれない。

そこで問題は、**「ミーティングにただの観客は呼ばず、しかも誰の気持ちも傷つけないようにするにはどうするか」**ということになる。

「タダ見客」をあの手この手で遠ざける

くり返すが、ここでの究極の目標は、ミーティングに呼ぶ人数は必要最小限に抑え、なおかつ誰にも「のけ者にされた」という気持ちを抱かせないことだ。

それを実現するテクニックは5つある。

観客回避術①ミーティングを「分割」する

まず最初に考えてほしいのは、**アジェンダを分割する**というテクニックだ。

たとえば、関連のある議題でまとめて2つに分割し、**「小さなミーティング」を2回開催する**。こうすればミーティングが大きくなりすぎるのを避けることができるだろう。

観客回避術②人の「入れ替わり」を認める

次に考えてほしいのは、前の章にも登場した**「議題ごとに時間を割り当てる」**というテクニックだ。このテクニックを使えば、すべての出席者が頭から終わりまでずっといる必要がなくなり、自分に関係のある議題のときだけ出席することが可能になる。

これは、「全員出席」の文化を保ちながら、ミーティングの人数を最小限に抑えるのに有効なテクニックだ。

マイナス点を挙げれば、ミーティングの最中に人が出たり入ったりして、場が多少騒がしくなるかもしれない点だろう。しかし個人的には、この状況は悪いことではないと考えている。ミーティングが単調になるのを防ぎ、むしろ活気を与える効果もある。

ここで大切なのは、人の入れ替わりをスムーズにすることだ。**途中から出席する人には、**

時間の「数分前」までには来ていてもらいたい。

これと似たテクニックとして、大勢に関係のある議題を最初に話し合い、それがすんだら一部の人に帰ってもらい、残った人でそれ以外の議題を話し合うという方法もある。どちらのやり方でも、リーダーは議題の中身に合わせて必要な出席者を選ぶことができる。

観客回避術③ミーティング前に「意見」を募る

研究によると、**他者の意見を求めるという態度を示すだけで、相手はたとえ意見を出さなくても、自分は重要なメンバーとして尊重されているという気持ちを抱く**という。

そこから導き出されるのが第三のテクニックだ。**呼ばないメンバーにも、ミーティングの前に「議題についての意見」を出してもらう。**

たとえば、ミーティングで話し合われることに何らかの形で関わっているが、出席してもらうまでもないというメンバーが何人かいるとしよう。

彼らもチームの一員であり、彼らの意見を重視しているということを伝えたいのなら、非公式にでも、公式にでも、事前に議題についての意見を尋ねてみる。議題についてのアイデア、反応、または新しい議題の案などを出してもらうのだ。

「原因」と「結果」の法則

ジェームズ・アレン 著／坂本 貢一 訳

アール・ナイチンゲール、デール・カーネギーほか「現代成功哲学の祖たち」がもっとも影響を受けた伝説のバイブル。聖書に次いで一世紀以上ものあいだ、多くの人に読まれつづけている驚異的な超ロング・ベストセラー、初の完訳！

定価＝本体 1200 円＋税
978-4-7631-9509-8

生き方

稲盛和夫 著

大きな夢をかなえ、たしかな人生を歩むために一番大切なのは、人間として正しい生き方をすること。二つの世界的大企業・京セラと KDDI を創業した当代随一の経営者がすべての人に贈る、渾身の人生哲学！

定価＝本体 1700 円＋税
978-4-7631-9543-2

スタンフォード式　最高の睡眠

西野精治 著

睡眠研究の世界最高峰、「スタンフォード大学」教授が伝授。
疲れがウソのようにとれるすごい眠り方！

定価＝本体 1500 円＋税
978-4-7631-3601-5

の電子書店で購読できます！

ore、BookLive!、honto、BOOK ☆ WALKER、GALAPAGOS STORE ほか

モデルが秘密にしたがる体幹リセットダイエット

佐久間健一 著

爆発的大反響！

テレビで超話題！芸能人も－17 kg !! －11 kg !!!

「頑張らなくていい」のにいつの間にかやせ体質に変わるすごいダイエット。

定価＝本体 1000 円＋税
978-4-7631-3621-3

かみさまは小学５年生

すみれ 著

涙がこぼれる不思議な実話。

空の上の記憶を持ったまま10歳になった女の子が、生まれる前から知っていた「ほんとうの幸せ」について。

定価＝本体 1200 円＋税
978-4-7631-3682-4

見るだけで勝手に記憶力がよくなるドリル

池田義博 著

テレビで超話題！ １日２問で脳が活性化！

「名前が覚えられない」「最近忘れっぽい」

「買い忘れが増えた」

こんな悩みをまるごと解消！

定価＝本体 1300 円＋税
978-4-7631-3762-3

ここで大切なのは、**質問に答えるのは彼らの義務ではない**ということ。たとえ答えが返ってこなくてもかまわない。**相手に「自分はチームの一員として重視されている」と感じてもらえれば、それで十分に目的を達成している**。

もし答えが返ってきたのなら、ミーティングのときにそれを紹介する。彼らの意見やアイデアが、ミーティングの議論のきっかけになることもあるだろう。

彼らの意見で議題そのものまで変える必要はないが、それでも**彼らの貢献を何らかの形で公にすることは必要**だ。そうすれば、出席していない人たちも、何らかの形でミーティングとのつながりを感じることができる。

ここで1つ例を紹介しよう。あるリーダーが、出席しないメンバーに送ったメールの文章だ。

ジョエル、ジェーン、サーシャ、ゴードン

もう聞いているかもしれませんが、他のメンバー（ジェイコブ、ジェシカ、デビー、ノア、ピート、アイヴァン）と私で、ベンダー管理の改善について話し合うミーティングを行うことになっています。みなさんはこの分野の経験があるので、ぜひ意見をうかがいたいと思い、メールを出しました。もしよろしければ、次の質問に答えてください。

①ベンダー管理の改善方法について何かアイデアはありますか？
②この問題で、何か特に気をつけたほうがいいことはありますか？

何かアイデアがありましたら、6月1日までに返事をもらえるとありがたいです。忙しくて返事を書く時間はないかもしれませんが、どんな意見でも助かります。ミーティングが終わりましたら、もちろん内容を報告します。

観客回避術④出ていない人に「議事録」を渡す

そして4つ目のテクニックはグーグルから拝借したものであり、観客回避術③の補完的な役割を果たしてくれる。「ブルームバーグ・ニュース」の取材によると、**グーグルはすべてのミーティングで「完璧な議事録」を作っている**という。

それに加えて、グーグルのミーティングでは、しばしばマルチモニターが設置されているようだ。たとえば、1つのモニターにはプレゼンの様子を映し、その隣のモニターには経過時間をリアルタイムで表示する。こうすることで出席者の集中力が増し、間違いも最小限に抑えられるという。

詳細な議事録の役割は3つある。1つは、ミーティング中の発言を正確に記録し、後から参照するときの助けになるということ。2つ目は、自分の発言が他の人の耳に届き、記録に残されたことを発言者が確認できるということ。そしてもっとも重要な3つ目は、ミーティングで決まったことを実行に移す責任者を記録することで、確実に行動につなげるようにするという役割だ。

しかしグーグルの議事録には、それ以外にも隠れた役割がある。**ミーティングに出席しなかった人も議事録を読むことで、自分もチームの一員だと感じられる**のだ。

しかし、残念ながらこの役割は看過されがちだ。たいていの企業は、ミーティングに出席した人だけに議事録を配っているだろう。

私がここで提案したいのは、**ミーティングには出席しなかったが、それでも議題になったことに何らかの形で関わっているすべての人に議事録を配る**という方法だ。

記事録を配り、そして感想や意見を求めるメールを送る。実際に返事が来ることはめったにないが、それでも相手があなたの行動に深く感謝していることは間違いない。

議題に少しでも関係のある人をすべて呼んでいたら、ただの観客ばかりのミーティングになってしまうだろうが、このテクニック③④を組み合わせれば、誰にも疎外感を抱かせずに、出席者の数を最小限に抑えることができるだろう。

議事録を取るテクニックに関しては、巻末の「ツール」のセクションにある「『議事録』の書き方」を参考にしてもらいたい。

どうやって「こなくていい」とジャックに伝えるか？

最後に、私がミーティングのワークショップでいつもしているアドバイスを、ここでもみなさんにお伝えしておきたい。これは架空の場面で、登場人物はミーティングのリーダーと、リーダーがミーティングに呼ばなくてもいいと思っているメンバーだ。

この「気まずいニュース」を伝えるときの、リーダーの言葉を紹介する。

リーダー：ジャック、もう聞いていると思うけれど、今度Xプロジェクトに関するミーティングを開くことになった。君が忙しいのはよくわかっているので、なるべく君の時間を無駄にしたくないと思っている。そこでミーティングの内容を確認したところ、どうやらわざわざ君に出てもらうことはなさそうだった。
もちろん、ミーティングに呼ばないとはいえ、君はプロジェクトに欠かせない存在だ。

そこで、私から提案がある。**ミーティングの内容を詳しい議事録に残すので、終わってからぜひ君にも見てもらいたい。**議事録を読んで、次のミーティングに出席する必要があると判断したら、そう伝えてもらえればもちろん考慮する。そうでなければ、とにかく情報共有のために読んでおいてもらいたい。

これで納得してもらえるだろうか？　もしこの議題について何か意見があったら、水曜日までにメールで伝えてもらえれば、ミーティングの場でみんなにも伝えることができる。

このように伝えると、**たいていの人はリーダーの気づかいに感謝し、「自分も仲間だ」と感じて満足する。「出席したい」と言い張ることはめったにない。**

つまり相手に疎外感を抱かせないコツは、意見やアイデアを求め、議事録を渡し、将来的には呼ぶこともあるというオプションを残しておくことだ。さらに相手は、自分の時間が増えたことにも感謝するだろう。

観客回避術⑤「代表者」出席制にする

ミーティングの人数を減らす最後のテクニックは、**「代表者を決める」**というものだ。**同じような仕事をする人たちの中から代表者を1人決め、その人だけがグループの代弁者**

として出席する。

たとえば、マーケティングとセールスの代表者であるなら、自分の意見だけでなく、部署のメンバーの意見も伝えるようにする。そのためには、代表者はミーティングの前にメンバーと話し、意見を集めておく必要があるだろう。そしてミーティング後は、内容を報告し、さらに意見を聞かなければならない。

このテクニックを使えば、ミーティングの出席者数を抑えながら、すべてのメンバーを話し合いに参加させることができる。私の経験からいえば、あるグループの代表者を選び、そのグループのすべてのメンバーの前で「あなたを代表者に選びます」と伝えれば、選ばれた人はその役割をきちんとこなすようになる。

ビジネスとは無関係のある研究が、このテクニックの有効性を証明している。心理学の専門誌『心理学、犯罪、法律』に、最近行われたある実験の結果が掲載されていた。

舞台はバス停で、実験の内容を知る人が鞄を持って現れる。その人物はバス停のそばに自分の鞄を置くと、まわりの人に「ATMへ行くのでこの鞄を見ていてください」と声をかけ、近くにあるATMに行く。

その際、「誰か決めて声をかける（責任者を決める）パターン」「まわりの全員に声をかける（責任者を決めない）パターン」「何も言わずにその場を離れるパターン」に分ける。

その30秒後、実験の内容を知る別の人が現れて、さっきの人が置いた鞄を手に取ると、ATMとは反対の方向へ歩いて行く。

この実験を、全部で150人を対象に行った。鞄を持った人が誰にも声をかけなかったパターンでは、鞄を持ち去る人を止めたケースは全体の34％にすぎなかった。責任者を決めずに声をかけたパターンでは、その数字は56％に上昇する。**そして、責任者を決めたパターンでは88％**だ。

これはつまり、誰かにはっきりと責任を与えれば、相手はよりその責任を果たそうとするということだ。

「いいこと」をしただけでは不評を買う

必要のないメンバーをミーティングに呼ばないことで、あなたはメンバー全員に「時間」という最高の贈り物をしている。呼ばれなかった人はもちろん、呼ばれた人たちも、そこまで重要ではない意見を聞く時間を節約することができる。誰かの貴重な時間を奪わないということは、不平や不満を減らすことにつながる。さらに会社にとっては、お金の節約にもなるだろう。

しかし、いくらミーティングを嫌う人が多いとはいえ、人々がミーティングよりもさらに嫌うものがあるということを忘れてはいけない。それは、「ミーティングに呼ばれないこと」だ。

この章で紹介したテクニックを活用すれば、ミーティングの人数を適正に保ちながら、ミーティングに呼ばれない人たちの不平や不満も避けることができるだろう。

POINT

「人の削減」と「のけ者にされたくない」心理への対応はセット

❶出席者が増えれば意見やアイデアも増え、その分だけミーティングの中身が濃くなると考えがちだが、現実はそうではない。数々の研究によると、人数が増えると、「意見が多すぎる」「移動が大変」「社会的手抜き」などの理由で、**むしろ生産性は下がる**ことになる。

❷人数を最小限に抑えることは大切だが、ミーティングに呼ばれなかった人は疎外感を抱くことも忘れてはいけない。前の章でも見たように、そもそも人間には、「他の人間と会いたい」という本能的な欲求がある。そのため、ミーティングの効率性を上げるという目的から人数を減らしたことで、気分を害する人が出てくるかもしれない。

❸ミーティングの「適正人数」を決めるには、まずミーティングの目標を確認する。その目標に直接的に関わっている人は誰だろう？　意思決定の中心人物、そしてもっとも大きな利害関係のある人だけを選べば、正しい招待リストを作ることができるだろう。

❹**議題ごとに時間を決め、それぞれの議題に関係のある人にその時間だけ出席してもらう**という方法もある。こうすれば、出席者を増やしすぎずに、疎外されていると感じる人を減らすことができる。または、**ミーティングに呼ばない人から事前に意見を聞き、それをミーティングに反映させる**という方法もある。こうすれば、ミーティングには出席しなくても、自分も出席しているという意識を持つことができる。

❺出席者の人数を最小限に抑え、なおかつ誰にも疎外感を抱かせないテクニックの最後は、**「詳しい議事録を取る」**ことと**「代表者を決める」**ことだ。議事録はリアルタイムで記録し、終わってから出席していなかった人にも配る。特に、ミーティングで決まった行動の責任者に選ばれた人には必ず配るように。代表者を決めるテクニックとして、利害関係を同じくする人たちの中から代表者を1人選び、その人だけがミーティングに出席するという方法がある。代表者は自分の意見だけでなく、事前に集めたグループの意見も伝えなければならない。

7章 「マンネリ化」は不可避？

「席順」がもたらす無視できない影響

人間は習慣の生き物だ。意識的にせよ、無意識にせよ、私たちはまるで儀式のように同じ行動を何度もくり返す。

デューク大学教授のデーヴィッド・ニール、ウェンディ・ウッド、ジェフリー・クインが、専門誌『心理学の潮流』の中で、習慣に関するまことに興味深い研究を発表した。様々な研究結果を分析したところ、**日々の行動の45％は、ほぼ毎日、同じ場所でくり返されている**というのだ。45％！

同じことのくり返しは、個人だけでなくグループにもあてはまる。小さなグループだけでなく、**組織全体も習慣の虜になっている**のだ。

習慣そのものが悪いわけではない。習慣のおかげで効率的に行動できるケースもたくさんある。ここでの問題は、習慣に安住するあまり、新しい挑戦をしなくなってしまうことだ。実際のところ、自分が同じ行動をくり返していることにさえ気づいていないかもしれない。

この話が、ミーティングとどう関係があるのか——それは、**ミーティングのリーダーも習慣の罠に陥りやすい**ということだ。

ミーティングそれ自体も1つの習慣になっているという可能性もあるが、その話はいったん措《お》いておこう。ここではまず、ミーティングの中身がどれくらいマンネリ化しているかについて考える。

あなたのミーティングは、いつも同じ時間に始まり、同じ時間に終わっているだろうか。毎月同じ日、毎週同じ曜日に開催しているだろうか。出席者はいつも同じで、使う会議室もいつも同じで、誰もがいつもと同じ席に座っているだろうか。そしてアジェンダまで、いつも同じだろうか。

この章では、**「ミーティングのマンネリを打破する方法」**を見ていこう。

いつもと少し違うことをして、ミーティングに新しいエネルギーと活気を与える。その方法はいろいろ考えられるだろう。たとえば、座る場所を変えてもいいし、いっそのこと座るのをやめて立って行うことにしてもいい。

ここで注意してもらいたいのは、**こういったいつもと違うパターンも、ずっとくり返していたらいずれは習慣の1つになってしまう**ということだ。

リーダーにとって大切なのは、いつもの行動がただの惰性になっていることを敏感に感じ取り、新鮮さを保つ対策を講じることだ。本章では、その具体的な方法について見ていこう。

誰が誰に反対するかは「席順」による

最後に出席したディナーパーティを思い出してみよう。自分がどこに座ったか覚えているだろうか？

覚えている人も、覚えていない人も、ディナーパーティの経験が「座った場所」から大きな影響を受けたことは間違いない。「誰と話したか」「どれくらい話したか」または「何を食べたか」といったことまで、座る場所によって決まっているのだ。

これと同じことはミーティングにもあてはまる。

たとえば、たいていの組織で、リーダーはテーブルの上座に座るものと決まっているだろう。さらに、**誰がどこに座るかによって、コミュニケーションの流れが決まり、誰が誰に反対するかといったことも決まる。**

おそらく私のようなミーティングの研究者であれば、たとえ知らない人ばかりが出席しているミーティングであっても、メンバーそれぞれが席についている写真を見ただけで、「人間関係の力学」をだいたい正しく言い当てることができるはずだ。

そして誰でも知っているように、**人間には「いつも同じ場所に座る」という習性がある。**たとえば、16週間のセミナーで講義するとしたら、生徒たちが初日に座った席から、セミナー最終日に誰がどこに座るかがだいたいわかるということだ。

人間は習慣の生き物であり、座る場所ということに関しては、習慣の力がことさらに強くなるようだ。

「J」に座ると話せなくなる

座る場所が生み出す人間関係の力学は、必ずしもミーティングの妨げになるわけではない。とはいえ、ミーティングの効率性、重要な意思決定、創造性、楽しさといったことが、

席順の力学

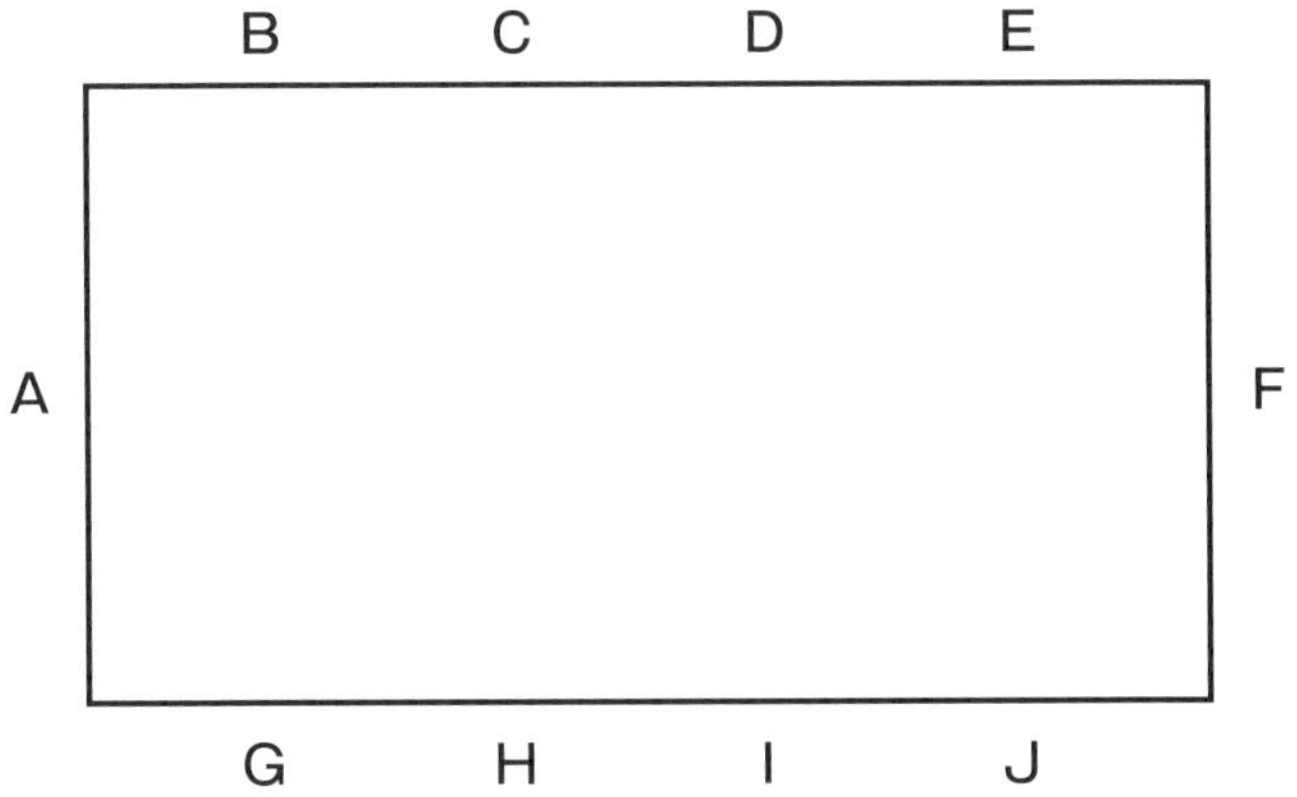

誰がどこに座るかということに大きな影響を受けるのはたしかだ。

具体的に説明しよう。

上の図を見てほしい。この中でもっとも発言しやすい席に座っているのはAとFだ。この2つは一般的に「リーダーの席」であり、すべての人とコミュニケーションが取りやすくなっている。

AとFがもっとも大きな発言権を持つにふさわしい議題について話し合っているのなら、この席順でまったく問題ない。しかし、彼らが議題に詳しくない、議題について間違った情報を持っているといった場合は、この席順は大きな問題になる。

また、CとDは隣り合わせに座っている

ので、合意することが多いだろう（**一般的に、隣に座っている人よりも、向かい合わせに座っている人の意見に反対する傾向がある**）。もしかしたらCとDは、ある種の同盟関係のようなものを結ぶことさえあるかもしれない。

このケースも、本当にCとDが同じような考えであるなら問題はない。しかし、もし考えが異なるなら、その異なる考えをきちんと議論したほうが、ミーティング全体の利益になるかもしれない。解決策というものは、たいてい異なる意見をすり合わせる過程で生まれてくる。

そして、**Jはおそらくあまり話し合いに参加しないだろう。Aがリーダーであるなら、Jの発言は特に少なくなるはず**だ。このケースも、Jが本当に言うべき意見やアイデアを持たないのであれば問題ない。しかし、Jの意見がミーティングの成功のカギを握るなら、座る場所のせいでミーティング全体の有効性が大きく損なわれることになる。

座る場所と人間関係の力学から、私たちはいったい何を学べばいいのだろうか。

ここで勘違いしないでもらいたいのは、リーダーが場所の力学を理解し、議題に応じて座る場所を強権的に決めるべきだといっているわけではないということだ。

「席替え」で士気が変わる

大切なのは、座る場所を柔軟に替えて、すべての人が様々な席を経験できるようにすることだ。そうすることで、仲良しグループだけで固まるのを防ぎ、ミーティングに新鮮な空気と刺激を提供することができる。つまり、マンネリ化を避けられるということだ。

そのための方法は簡単で、ただ**「ミーティングのたびに座る場所を替える」というルールを確立してしまう**だけだ。または、毎回は替えすぎだというのなら、定期的に替えるのでもかまわない。

おそらくメンバーは、最初のうちは文句を言うだろう。人間は本質的に、変化を嫌う生き物だからだ。そこでリーダーは、席を替える理由を誰もが納得できるように説明する必要がある。「マンネリ化を避けるため」「新鮮さや刺激を取り入れるため」などと言えば、彼らもわかってくれるだろう。ただ「そのほうがおもしろいから」という理由でもいい。

私も参加しているある取締役会では、「出席者の名前を書いたカードをシャッフルし、会議室の様々な場所に配る」という形で席を決めている。実際に体験したからわかるのだが、この方法にはたしかに効果がある。ただ人間関係の力学が変わるというだけでなく、多様な人と知り合うこともできるからだ。

または、あからさまに席替えをしなくても、メンバーに気づかれないように環境を変えることもできる。たとえば、「場所を変える」「テーブルの形を変える」「椅子の配置を変える」といった方法だ。**ただ景色を変えるだけで、その場が活気づく効果がある。**

「誰も座らない椅子」が重要なアマゾンの会議

ミーティングにおける椅子の活用法は、ただ座る場所を替えることだけではない。次に紹介したいのは、**「誰も座っていない椅子」**を置くという方法だ。

ポスターや標識といった物理的な合図の影響力を調べる研究によると、こういった合図には、ものの購入からタバコを吸わないこと、手を洗うこと、階段を使うことまで、様々な行動を喚起する力がある。もちろん、ポスターや標識といった合図が効果を発揮するには、見る人に気づいてもらわなければならない。

この合図の力に気づいた一部の企業は、ミーティングで**「誰も座っていない椅子」**を活用するようになった（どうやら最初に始めたのは「アマゾン」のようだ）。

アマゾンにとって空っぽの椅子は、「アマゾンでものを買っている顧客たち」を象徴している。ミーティングの場にはいないかもしれないが、それでも重要な存在であるということを出席者に思い出させる役割を果たしているのだ。

他の会社でも、ミーティングに出席していない重要な存在（たとえばサプライヤーなど）を思い出させる目的で、誰も座っていない椅子を置いている。つまり、**空っぽの椅子の存在は、その場にいない人の視点も考慮するきっかけになる**ということだ。

そして次に紹介するのは、椅子をまったく使わない2つのテクニックだ。

ウォーキングMTG
――アップル、フェイスブック、米大統領が導入

「歩きながら行うミーティング」は、2人か3人の少人数に適している。どんなに多くても4人までだろう。

このミーティングを採用している企業はたくさんある。たとえば、スティーブ・ジョブズの伝記を読むと、長い距離を歩きながら真剣な会話をすることがよくあったという記述がある。

ジョブズ以外にも、フェイスブックCEOのマーク・ザッカーバーグ、ツイッター共同創業者のジャック・ドーシー、前アメリカ大統領のバラク・オバマなど、錚々たる顔ぶれが歩くミーティングの信奉者であることを公言している。リンクトインでは歩くミーティングが慣例になっていて、カリフォルニアの本社では、社員がよく輪になって、20分から25分の間ぐるぐると歩き回っている。

もちろん、歩くミーティングを採用しているのは有名企業だけではない。中小企業から大企業まで、幅広い企業で採用されている。ここまで人気があると、1つの疑問がわいてくる。**「歩くミーティングには、本当にそこまでの効果があるのだろうか？」**

歩くことは健康にいい。歩くことの健康効果は様々なメディアで紹介され、**心臓病や肥満、さらにはガンや認知症の予防にもなる**といわれている。コレステロール値を下げ、筋肉や骨を強化する働きもある。また、肉体だけでなく、心の健康にも効果があるようだ。戸外で体を動かすと、**全体的な幸福感が上がる**という研究結果もある。

もちろん、確認されているのは健康効果だけではない。歩くミーティングを採用している企業の1つであるジョンソン・エンド・ジョンソンでは、社内で歩くミーティングに関する調査が行われ、その結果が『Inc.』誌に掲載されていた。副社長のジャック・グロッペルは、記事の中でこう語っている。**「我々が行った調査によると、（歩くミーティングを）90日間行った人は、『エネルギーが増す』『集中力が高まる』『やる気が高まる』といった効果を報告している」**

出席者のエネルギーとやる気が高まれば、ミーティングそれ自体にもいい効果があるだろう。そしてミーティングの雰囲気がよくなれば、出席者はますます集中力が高まり、創造的なアイデアも出てくるかもしれない。

やる気が「8・5％」上昇する

集中力と創造性に関しては、セント・レオ大学経営学准教授のラッセル・クレイトンが、『ハーバード・ビジネス・レビュー』にある研究を発表している。

アメリカのビジネスパーソン150人を対象に調査を行ったところ、**歩くミーティングの最中は、そうでないときに比べ、やる気が8・5％高くなるという。それに加えて、歩**

くミーティングに出席している人は、仕事での創造性が高まったという調査結果もある。

ここで確認された効果はたしかに小さいかもしれないが、仕事人生でミーティングに出席する回数を考えたら、無視できないレベルになるのではないだろうか。それに出席した人数分だけ、効果はさらに大きくなる。

「創造性に有益」とスタンフォード大学が実証

スタンフォード大学の研究チームも、歩くことと創造性の関係について調べている。これはおそらく、この種の研究としてはもっとも詳しい内容になるだろう。調査の結果は、専門誌の『実験心理学ジャーナル』で近頃発表された。

この研究は、歩くことが創造性に与える影響について、歩いている最中と、歩き終わった直後の両方で調べている。歩く状況は、室内でウォーキングマシンを使うグループと、戸外を歩くグループに分かれている。それぞれのグループは、室内で座っているグループと、戸外で座っているグループと比較される。

創造性を計測するときに用いられた手法の1つは、この種の目的でよく使われる「ギルフォードの代替利用タスク」（GAU）だ。被験者に日常的な道具を渡し、その道具の別の使い道を考えてもらうという形で行われる（たとえば、チームの創造性を教える私のワークショップでは、ペーパークリップを使ってGAUを行ったことがある。生徒たちは、「ジッパーの代用品」「ヘアピン」「釣り針」など、様々な使い道を発見した）。

スタンフォードの研究では、創造性がもっとも高まったのは「戸外を歩いたグループ」だった。単純に歩いているか座っているかで比較すると、「歩いている人の80％は、座っている人よりも高い創造性を示す」という結果になった。つまり、歩いている人がもっとも創造性を発揮するのが、戸外を歩いているときという結果だ。

「本音」が出やすくなる効果も

以上の結果をまとめると、歩くことは心身の健康にいいだけでなく、創造性やイノベーションにもつながることがわかる。

また、歩くミーティングの推奨者たちは、さらに一歩進んで、その効能は他にもまだあると主張する。

1つは、コミュニケーションが促進されること。歩いていると、スマホやパソコンなどを見る「マルチタスク」がやりにくくなるため、お互いの話をよく聞くようになるというのだ。

他には、歩くことで他人行儀がなくなり、お互いに打ち解けることができるという考え方もある。前にも触れた『Ｉｎｃ.』誌の記事の中で、ウエスタンユニオンCEOのヒクメット・エルセクが歩くミーティングについて語る言葉が引用されていた。「誰もがよりリラックスする」と彼は言う。「それに**歩きながらだと本音を語ってくれるんだ。結論が出るのもずっと早い**」

しかし、だからといって「会議室をすべて廃止にしよう」という話ではない。プロジェクターやホワイトボード、机を使わなければならないこともある。または、ミーティングの内容そのものが歩くというシチュエーションにそぐわない場合もあるだろう（たとえば、注意を与えるケースなど）。

歩くミーティングに関するその他の注意点は次の通りだ。

・いちばん大切なのは、**「歩くミーティングが効果を発揮するのは少人数の場合に限る」**

ということ。2人か3人が理想的だ。リーダーの仕切り能力が高ければ、4人でも可能なこともある。

・**「電子機器などの道具が必要ないアジェンダ」**であること。とはいえ、歩きながらでもリーダーはスマートフォンの音声をテキストに変換する機能を活用し、大事な点は記録に残せるようにしたほうがいいだろう。

・道具を使ったプレゼンが必要な場合や、詳細な議事録が必要な場合は、歩くミーティングに適さない。

・歩くミーティングも他のミーティングと同じで、事前の綿密な計画とアジェンダの構築が必要だ。**「休憩時間」と混同しないように。**

・歩くミーティングを行うと決めたのなら、事前にその旨を出席者に知らせておくこと。**集まってから突然知らせるのは厳禁**だ。歩きにくい靴を履いているなど、突然では不都合なことがいろいろある。歩きやすい靴が推奨されるが、だからといってこれは有酸素運動のウォーキングではない。ゆっくりしたペースで歩くこと。

・戸外を歩くのが理想的だ。もし不可能なら、建物の中を歩くだけでもいい気分転換になる。どちらにしても、「ルート選び」に気を配ること。**比較的静かで、環状になっているルートがいい。**環状になっていないのなら、終着点の場所を事前に伝え、了解を取っておくこと。カフェ、駐車場、社員食堂などがいいだろう。

「居眠り」が難しくなる

ヴァージン・グループ創業者のリチャード・ブランソンも歩くミーティングの信奉者だ。彼のブログ記事を紹介して、この「歩くミーティング」セクションのしめくくりにしよう。

私は機会があれば、いつもと違う一歩を踏み出したいと思っている。文字通りの意味で、「歩くミーティング」を行うのだ。ときには自分への挑戦として、1ブロック歩く時間を制限することがある。さあ、制限時間は5分だ。ゴー！

ミーティングは時間の無駄づかいになることが多々ある。アジェンダは忘れられ、議題とは関係のない話が始まり、人々は集中力を失う。場合によっては長時間のプレゼンが必要なこともあるが、1つの議題につき必要な時間は、せいぜい5分から10分だろう。

歩きながら話し合えば、決断がかなり早くなる。**「居眠り防止」としても完璧だ！** それに加えて、歩くことは運動にもなり、忙しい一日でも集中力を保つ助けになる。

会議室の外でミーティングを行うことには、もう1つ大きな利点がある。それは、ハイテクのおもちゃを使わずにすむことだ。テクノロジーに頼らずに、生身の人間として本物のコミュニケーションができる。

寿命が「20分」縮んでいる可能性が——MTGのせいで

椅子が必要ないミーティングのもう1つの形は、**「立って行うミーティング」**だ。その前に、まず「座ること」に関して、今のところわかっている事実を見ていこう。

まず、**座りすぎは健康によくない**。高血圧、高コレステロールにつながり、心臓病のリスクも高くなる。

『イギリス・スポーツ医学ジャーナル』誌で発表され、マスメディアでも広く紹介されたある研究によると、テレビやスマホ、パソコンなど、**何らかのスクリーンを座って見る時間が1時間増えるごとに、寿命がおよそ20分縮む**という。この研究は、1万1000人の大人を対象に行われた。

そこで考えられたのが、「ミーティングを立って行うこと」だ。

座ると会議が「34%」長くなる

ミズーリ大学教授のアレン・ブルードーンは、同僚たちと共同で、立つミーティングと座るミーティングを比較するという実験を行った。

被験者を集め、5人グループのミーティングを100回行い、その結果を検証する。ミーティングの質に変化はなかったが、**座るミーティングは、立つミーティングに比べ、時間が34%長くなった**という。

つまり、ただ立ち上がるだけで、ミーティングの質を維持しながら、時間を大幅に短縮できるということだ。**それに、出席者の満足度も高かった。**

セントルイス・ワシントン大学で教える2人の研究者、アンドリュー・ナイトとマーカス・ベアは、3人から5人の小さなグループを対象にした調査を行った。グループの数は54で、与えられたタスクを立った状態と座った状態で行う。タスクの内容は、30分の間に大学の求人ビデオを作るというものだ。

比較すると、**立つグループは、全体的にお互いにより協力的で、自分のアイデアを惜し**

みなく提供し、他人のアイデアにもオープンで、かなり熱心に取り組んでいた。

これらの結果から、立つミーティングにはたしかに効果があり、ミーティングのリーダーなら積極的に取り入れていきたいことがわかる。その際の注意点を確認しておこう。

・ミーティングの時間に気をつける。長時間立っていることを好む人は少ないからだ。この問題に関する研究はまだないようだが、個人的な意見を述べるなら、**「15分ぐらいがちょうどいい」**と考える。体力は人それぞれだが、これぐらいの長さであれば、体力による不公平が出ることはないだろう。

・立ち上がると、出席者の体格の違いがより明確になるので、配慮が必要になることもあるかもしれない。身長157センチの人が、身長193センチの人を前にして、気後れするようなことがあってはならない。出席者の間で身長差が大きいような場合は、「スツール」にもたれるなどして調整することもできる。

英国外科医の「お墨付き」がある

この章で紹介したようなテクニックを取り入れれば、ミーティングに活気を与えることができる。出席者の集中力や創造性も向上し、全般的なミーティングへの満足度が高くなるだろう。ただし、これはミーティングのマンネリ化を防ぐ戦略の1つであり、使いすぎるとこれ自体がマンネリ化してしまう恐れがある。**ミーティングの目標に合わせ、折にふれて使うぐらいがちょうどいい**だろう。

リーダーが新しいことに挑戦するのはいいことだ。メンバーは、リーダーがミーティングに本気で取り組んでいること、実験的な試みを恐れないことを感じ取る。いつもと違うミーティングを提案したら、初めのうちは文句を言われるかもしれない。からかわれることもあるだろう。

しかしいずれは、ミーティングという退屈になりがちな時間を、少しでもおもしろくしようとするあなたの努力に感謝するはずだ。リーダーにとって、マイナスになることは1つもない。ぜひ挑戦してみよう。

最後に、17世紀イギリスの外科医、ウィリアム・カウパーの有名な言葉を引用したい。

「多様性とは、まさに人生をおいしくするスパイスである」

POINT

「会議は座るもの」を科学は否定した

❶人間は「習慣の生き物」であり、それはミーティングにもあてはまる。同じことのくり返しを好み、マンネリ化しがちだ。議論の進め方も、使う部屋も、座る場所も、たいてい毎回同じである。

❷目先を変えたミーティングでマンネリを打破する方法はいくつかある。1つは、**「座る順番」**を変えることだ。小さなことだと思うかもしれないが、誰の隣に座るか、誰の正面に座るか、誰と離れて座るかということは、ミーティング中の集中力や満足度に大きな影響を与える。私たちは習慣の生き物なので、ミーティングでもいつも同じ席に座りがちだ。席を替える方法は、ただ出席者に頼んでもいいし、名前を書いたカードをシャッフルして席の前に配るなどしてもいいだろう。**「テーブルと椅子の配置を変える」「使う部屋を変える」**といった方法もある。

❸ミーティングの目先を変えるもう1つの方法は、**「歩きながら行う」**ことだ。歩く

ことの効果は、多くの研究によって証明されている。肥満や心臓病の予防から、創造性と集中力が高まるという効果まである。ここで注意したいのは、**歩くミーティングは少人数に適している**ということ。2人から、せいぜい4人までであり、座るミーティングと同じように計画やアジェンダの構築が必要になる。戸外で行うのが理想的であり、歩くルートは環状（最後は同じ場所に戻ってくる）がいい。多少のバリエーションは許容される。

❹ミーティングを**「立って行う」**という方法もある。歩くことと同様に、立つことには健康効果があり、ミーティングの効率性や満足度も高まるという研究結果がある。立つミーティングは、人数が多くてもかまわない。しかし、時間が長くなりすぎないように。「15分前後」がいいだろう。

8章 「感情」が空気感染する

人は合理性より「空気感」で動く

10秒前に「手短に言う」って言っただろ。まだ終わらないのか？
――インターネットで広まった言葉

ネガティブな態度は、本人の気分を滅入らせ、しかもまわりに伝染する。

そしてそのときどきの心の状態は、その人の思考や行動に大きな影響を与える。心の状態は、人によって違うだけでなく、たとえ同じ人であっても一日のうちに何度も変化する。人の気持ちは移ろいやすいかもしれないが、どうせならポジティブな気持ちでいたほうがいいことは数々の研究によって証明されている。本章では、ミーティングにポジティブなエネルギーを注入することの利点について見ていこう。人の気分は伝染するので、ミーティングの最中にポジティブな気持ちでいることはとても大きな意味を持つ。

「気分」でスコアが変わる

ポジティブな気分でいると、認知力が柔軟になり、立ち直る力が強くなる。全体の幸福感が高まり、創造性まで向上する。

ミーティングとの関連で考えると、大切なのは「全体としてのポジティブな態度」ということになるだろう。

セントルイス大学で教えるマシュー・グラウィッチの研究チームが、この点について興味深い研究を行い、専門誌『グループ・ダイナミクス』に結果を発表している。

彼らはまず被験者を集め、ある特定の気分になってもらう。たとえば、3分かけて過去のいい出来事を思い返し、ポジティブな気分になるといったことだ。そして思い出す内容によって、「いい気分のグループ」「悪い気分のグループ」「ニュートラルな気分のグループ」に分ける。

それぞれのグループでミーティングを行ってもらったところ、**いい気分のグループは、創造的なタスク（前に登場した、ありふれた道具の新しい使い道を考えるタスクと似ている）で、他の2つのグループよりも成績がよかった。**いい気分のグループの人たちは、意欲が高く、他の人の意見にも積極的に耳を傾けるという。

この研究結果からわかるのは、**「いい気分の人たちが集まると、集団としての知性や創造性が向上し、より社交的になり、全員が積極的に参加する有意義な話し合いができる」**ということだ。

「ブラックな笑い」はブラックな効果をもたらす

これと関連のある研究が、『応用心理学ジャーナル』に発表された。この分野を代表する研究者のナーレ・レーマン＝ヴィレンブロックとジョー・アレンが、ミーティングにおけるユーモアについて研究したのだ。

2人は実際に企業を訪問し、54の本物のミーティングを撮影した。彼らが注目したのは、ユーモアと笑いのパターンだ（どちらの要素も、映像を見た外部の第三者によって計測される）。それに加えて、ミーティングを行ったグループごとの成績も上司から入手した。

分析の結果、**ユーモアと笑いの多い（偶然の結果ではなく、明らかに多いと認められる）**

ミーティングは、お互いのサポートなどの社会情緒的なコミュニケーション、建設的な会話、独創的な解決策が多い傾向が顕著に認められた。さらに、**笑いの多いミーティングは、チームのパフォーマンスという点でも評価が高い。**

もちろん、誰かをバカにして笑いを取るようなユーモアの場合は、たとえそれによって笑いが起こったとしても、チームのパフォーマンスは低下するという結果になっている。

誰も「チームのため」なんて思わない

残念ながら、ミーティングというものは、人をいい気分にしてくれる場ではない。私の初期の研究でも、ミーティングを仕事の邪魔ととらえる人が多いという結果になっている。

私たちは日々、与えられたタスクを完成させ、目標を達成しようと励んでいる。そこに割って入ってくるのがミーティングだ。仕事はチームでやることも多いが、評価の基準はあくまでも個人であり、目標を達成できなければ自分で責任を取ることになる。つまり、**働いている時間のほとんどは、個人としての目標を達成するためにある**ということだ。

そしてミーティングは、その貴重な時間を奪う厄介者だ。たまに邪魔が入るぐらいなら、気分転換になっていいと感じることもあるが、一般的には邪魔が入るとイライラし、仕事の能率も下がることになる。

何らかの邪魔が入って作業を中断すると、たとえその邪魔が終わっても、前の作業をどこまでやったか思い出すために、また貴重な時間を使うことになる。これではストレスを感じるのも当然だろう。つまり、**みんなにいい気分でミーティングに出席してもらうには、リーダーであるあなたが一工夫しなければならない**ということだ。

ミーティングにおけるリーダーの最初の仕事は、出席者に目の前のミーティングに集中してもらうことだ。出席者が直前までしていた作業のことをまだ考えていたり、ミーティングよりもやりたいことを考えていたりするようでは困る。

言い換えると、ポジティブな気分でミーティングに集中してもらうには、「仕事の邪魔をされた」という不快な気分を忘れてもらわなければならないということだ。

「親睦のためのやりとり」から始める

実際の話し合いに入る前から、もうミーティングは始まっている。リーダーは出席者を一人ひとり出迎え、すべての人が歓迎されているという雰囲気を作らなければならない。**どっかりと自分の席に座っているのではなく、立ち上がって歩き回り、メンバーの席まで行って声をかける。**相手の目を見る。もちろん、歓迎の仕方はいろいろあり、チームの人間関係によって違ってくるだろうが、「握手」「背中をポンと叩く」といった方法が一般的だ。

出席者の中に初対面同士の人がいたら、ミーティングが始まる前に間に入ってそれぞれを紹介する。そのときに、2人の共通の趣味や興味などを指摘してもいい。

前にも述べたように、ミーティングはある意味で結婚式のようなイベントと同じなのだから、ホストであるあなたがここまでするのは当然のことだろう。

ミーティングのリーダーの役割は、何よりもまずポジティブなエネルギーの発生源になることだ。部屋に入ってきた人たちは、あなたのポジティブなエネルギーをすぐに感じ取り、「ここではポジティブな態度が求められているのだ」という心構えができる。

気分や感情が伝染することは、数々の研究によってすでに証明されている。それは裏を返せば、出席者の気分があなたに伝染するということでもあるので、ネガティブなオーラを出している人の影響を受けないように気をつけなければならない。むすっとしている人がいても、あなたはあくまで明るくポジティブに振る舞うこと。

「スポティファイ」で音楽をかける

出席者を明るく迎えるという方法の他に、**「音楽」**を流して気持ちを切り替える方法もある。

私もときどきやるのだが、効果は保証できる。出席者の入場に合わせ、音楽をかなりの音量で流すのだ。ときには最初に来た人に、いちばん好きな音楽のジャンルやバンドを教えてもらい、それを「スポティファイ」で検索して流すこともある。音楽それ自体に気分を高める効果があり、それに何か新しいことを始める合図にもなる。

そしてミーティングの開始時間になると、**私はいきなり音楽を止める**。今度はこれが「仕事を始める合図」になる。この方法で、簡単に気持ちをミーティングに切り替えることができる。

ミーティングを建設的な話し合いの場にしたいのなら、始め方が肝心だ。リーダーであるあなたは、最初に勢いをつけて、その勢いをずっと持続させなければならない。

リーダーは立場上、率先してポジティブな空気を作らなければならないのだ。

サクラの「第一声」で結論が割れた

「リーダーの気分がミーティング全体の気分になる」ことは、研究によって証明されている。なかにはさらに踏み込んで、**「リーダーの気分」がチームのパフォーマンスを決める**と主張する研究者もいるほどだ。

そこで問題は、ポジティブな空気を作るにはどうすればいいのか、そしてもっと大切なのは、そのポジティブな空気を維持するにはどうすればいいのかということになる。

楽しいミーティングを実現するのは、本当に可能なのだろうか？

1つの方法は、ミーティングの冒頭から積極的にコミュニケーションを取ることだ。それに関連する研究が、『仕事と組織心理学の欧州ジャーナル』に掲載された。研究の対象は、組んだばかりの旅客機乗務員チーム18組だ。

研究では、各クルーによるフライト前の発言を詳細に分析している（フライト前の段階は、ミーティングの開始時に等しい）。研究者がまず発見したのは、**最初の段階のコミュニ**

ケーションのパターンが、その後のコミュニケーションのパターンを決めることが多いということだ（たとえば、**ミーティングの最初で非建設的なコミュニケーションをすると、ミーティング中もずっと非建設的なコミュニケーションが続く**）。

それに加えて、最初の段階で建設的なコミュニケーションができると、結果的にパフォーマンスが向上することもわかった。研究の報告者は、初期段階に良好なコミュニケーションを確立できるような訓練が必要だと結論づけている。

『ハッピーアワーは仕事の時間：仕事を愛し、人生を愛し、最高の自分になる方法（Happy Hour Is 9 to 5: How to Love Your Job, Love Your Life, and Kick Butt at Work）』という本にも、とても興味深い実験が紹介されていた。

被験者を集め、賛否が分かれる議題について話し合ってもらうという心理学の実験なのだが、1つしかけがある。被験者の1人が事情を知っている俳優で、最初に発言するように研究者から指示を受けているのだ。

半数のグループでは、俳優はポジティブな発言をし、残りの半数ではネガティブで批判的な発言をする。俳優がこの場面を演じるときに、決まっているのは最初のセリフだけで、あとは会話の流れに任せて自由に発言してかまわない。

この実験でも、先ほど紹介した旅客機の乗務員の実験と同じ結果になった。**俳優が最初にポジティブな発言をすると、より建設的な話し合いになる。人々は協力的になり、お互いの話をよく聞き、合意にいたる確率が高くなる。**

反対にネガティブな発言で話し合いを始めると、攻撃的な議論が続き、場の雰囲気が悪くなることが多い。そして、話し合いは物別れに終わる。

ミーティングの最初の一言には、「ドミノ倒し」のような効果があるということだ。そこでリーダーであるあなたは、開始の言葉を意図的に活用しなければならない。

「貢献者」を2分でお祝いする

ポジティブなトーンでミーティングを始めるのは難しいことではない。

最初に気をつけたいのは、出席者にかける言葉だ。情熱的にビジョンを語り、ミーティングで目指しているものを明確にする。**「出席者が呼ばれた理由」**と、**「ミーティングで達成するべきこと」**をはっきり伝えよう。

次に、**「チームの功績」**や**「成功」を賞賛する**（時間は1分から2分まで）。もちろんチーム全体をほめるのだが、貢献の大きい個人がいるのなら、その人たちへの配慮も忘れないように。人はこうやってほめられると意欲が高まり、チームの一体感も増すだろう。

他にも、部屋を一周して出席者一人ひとりに声をかけるという方法もある（ここでも時間は2分まで）。

まとめると、次のようになる。

・前のミーティング以後、何か大きな功績があった人（またはチーム全体）の名前を出し、賞賛する
・最初に名前を挙げた人以外にも、何か功績があった人がいた場合、その人のことも賞賛する

もちろん、ポジティブな雰囲気を作る言葉は他にもたくさんあるだろう。ここでのカギは、出席者の顔ぶれを見て、彼らに「フィット」する言葉を見つけることだ。

しかし、この行動がまた1つの習慣にならないように気をつけなければならない。ときには趣向を変えて、新鮮味を失わないようにする必要がある。

「期待すること」を面と向かって伝える

ミーティングに気持ちを切り替えてポジティブな雰囲気を確立するために、私が気に入っているもう1つの方法は、出席者たちに**「ミーティングの価値」**について話すことだ。

前の章ですでに見たように、リーダーは定期的に自分のミーティングを客観的に評価しなければならない。その評価の一環として、**出席者たちに「ミーティングに期待すること」を直接尋ねる**という方法もある。リーダーにどう振る舞ってほしいか、他の出席者にはどんな態度を望むのか、といったことだ。

特定のプロジェクトチームやタスクフォース（特別なミッションを遂行するためのチーム）が結成された際に行うのに適しているが、他のときでも活用できる。巻末の「ツール」のセクションに登場する「簡単アンケート『あなたがミーティングに期待するものは？』」を参考にしてもらいたい。

この種の簡単な調査の結果は、開始の言葉のいいネタにもなる。たとえば、出席者から「簡潔な発言」「反対意見でも相手への敬意を忘れない」「私語や雑談はつつしむ」といった希望が出たなら、この先のミーティングで冒頭の言葉として活用できる。

毎回このような言葉で始める必要はないが、ミーティングの理想のあり方について、折にふれて確認しておくのはいいことだ。ミーティング全体にポジティブで建設的な空気を確立し、いまからみんなで協力して新しい仕事を始めるという合図になるだろう。

ミーティングで求められる態度を確認することで、気持ちをミーティングに切り替えるきっかけにもなる。それに、**数々の研究からも明らかなように、相手に期待していることをきちんと言葉にして伝えると、期待が応えられる確率も高くなる**のだ。

以上のようなテクニックの目的は、ポジティブなトーンでミーティングを始めることだ。最初から不平不満で雰囲気が悪くなるようなことは避けなければならない。

「いい空気」を維持する

最初だけ勢いがあっても、そこで終わってしまっては意味がない。ミーティングの終わりまで、ずっとポジティブで建設的な雰囲気を維持するにはどうすればいいのだろうか。そのための具体的なテクニックをいくつか紹介して、この章をしめくくることにしよう。

ここでは7つのテクニックを選んだ。どれも役に立つテクニックだが、あくまで一例であり、これがすべてというわけではない。ここで紹介するテクニックを参考に、リーダーであるあなたが、独自に工夫したテクニックを編み出してもらいたい。

キープ術①「ちょっとした食べ物」を用意する

ミーティングに気持ちを切り替えてもらいたいのなら、ほとんど失敗しないある道具がある。それは**「食べ物」**だ。

ミーティング中に軽食を提供すると、ポジティブな雰囲気が生まれる確率が高くなる。**これは数々の研究によって証明された、れっきとした事実**だ。何か食べられて嬉しいのはもちろん、一緒に食べることで仲間意識が生まれ、ミーティングの中身も充実するという。ちょっとしたおやつや軽食の経費など、そこから生まれる結果の大きさに比べたらたいしたことはないだろう。

キープ術②目と鼻の先に「おもちゃ」を置く

子どものおもちゃ箱に入っているものを思い浮かべてみよう。そしてそれを、ミーティングを行う部屋のテーブルの上に置くところを想像する。実際にいくつかの企業では、粘土やスリンキー（バネのおもちゃ）をミーティングの部屋に用意して、気持ちの切り替えとポジティブな雰囲気作りに役立てているという。

これと関連して、ニューヨーク大学タンドン・スクール・オブ・エンジニアリングの調査によると、**何かをいじったり手を動かしたりするのは、ストレスを軽減して集中力を高める助けになる**という。オーガニックのベビーフードや関連商品を製造するプラム・オーガニックスもこのテクニックを取り入れ、ミーティング中に出席者が塗り絵をすることがよくあるという。

2015年、『ファスト・カンパニー』誌のオンラインインタビューで、プラム・オーガニックスの最高クリエイティブ責任者がこんなことを言っていた。「ミーティング中に塗り絵をすると、アクティブリスニングの能力が高まり、メールなどでマルチタスクをするよりもずっと効果がある」

キープ術③「ガジェット」に関する決まりを作る

軽食やおもちゃはミーティングの雰囲気をよくして、出席者の集中力を高める助けになるが、リーダーが使える手段は他にもある。

今度のターゲットは、**「電子機器の使用」**と**「マルチタスク」**だ。

飲酒運転より3倍危険な「デバイス中毒」

ここ40年ほどの間に、私たちは自分の「マルチタスク能力」に対してどんどん自信を深めている。とはいえ、**たった40年ぐらいで人間の脳が劇的な進化を遂げるのは不可能だ。**

つまり、**私たちは本当はできないことを、勘違いして「できる」と思い込んでいる。**

マルチタスクと聞いてまず思い浮かぶのは、数々の電子機器だろう。勘違いした人類は、運転中に携帯メールを打つなど危険な行動に走るようになった。アメリカ国家運輸安全委員会の報告によると、**携帯メールを打ちながらの運転は、血中アルコール濃度が法律で定められた上限の3倍にもなる状態で運転するのと同じ**だという。

ここまで命の危険はないかもしれないが、誰かと対面のコミュニケーションをしているときに、電子機器を使ってしまうこともよくあるだろう。**この種のマルチタスクは、相手に「話を聞いていない」という印象を与え、そして実際に聞いていない。**相手との信頼関係を損ねることになる。

オバマ政権下では「持ち込み禁止」

この種の問題を解決するのはきわめて簡単だ。**「ミーティングに電子機器を持ち込まなければいい」**のである。

テクノロジー使用制限の効果は、研究でも証明されている。

南カリフォルニア大学マーシャル経営大学院で教える3人の教授が、ミーティングの席での携帯電話の使用に関する研究を行った。500人以上のプロフェッショナルを対象に調査したところ、はっきりとした結果が出た。

・回答者の84%が、「ミーティング中に携帯でメッセージを送るのは不適切」だと考えている

・回答者の58%が、「ミーティング中に携帯で時間を確認することさえ不適切」だと考えている

・年配で収入の高いプロフェッショナルほど、ミーティング中のテクノロジーの使用に不快感を示す

この結果を見れば、多くの企業で、ミーティング中の携帯電話の使用が禁止されているのも納得できるだろう。ミーティングを行う部屋の入口で、携帯を回収している企業もある（もちろん、何らかの事情で緊急の電話がかかってくる可能性のある人は別だ）。

この種の取り組みでもっとも有名なのは、おそらくオバマ政権時代の閣議だろう。出席

者の全員が完全に集中するために、携帯電話の使用は一切禁止されていた。

あらかじめ「ガジェットの時間」を取っておく

ただし、このテクニックを取り入れるなら、注意しなければならないことがある。それは、テクノロジーを禁止するのは**「集中的で短い話し合いのときに限る」**ということだ。

長めのミーティング（1時間か、または1時間に満たなくても）の場合は、「テクノロジーを使ってもいい時間」をあらかじめアジェンダに組み込んでおき、ちょっとした用事を片づけられるようにしておくといいだろう。

現代人であれば、何らかのテクノロジーの依存症になっている可能性が高い。**それを完全に我慢させるのは、現実的な選択肢ではない。**

テクノロジー禁止のルールの話をすると、「ノートパソコンの扱いはどうするのか」という質問がよく出る。基本的に、**ノートパソコンも禁止の対象**だ。携帯電話と同じくらい気が散る要素になる。とはいえ、もちろんこのルールには例外もある。ミーティングで使う資料などがノートパソコンに入っているような場合だ。

この問題と関連する、興味深い研究結果がある。心理学者のパム・モラーとダニエル・

オッペンハイマーによると、**授業中に手書きでノートを取ると、パソコンでノートを取るよりも、授業の理解度がはるかに高くなる**という。

つまり、気が散るものを排除するだけでなく、出席者の理解度を高めるという意味でも、ノートパソコンは使わないほうがいいということだ。

キープ術④「クリッカー」で楽しみながら議論する

「クリッカー」とは、質問やクイズの解答を無線で送信する装置であり、授業やミーティングで活用できる。専用の装置を使うこともあれば、スマートフォンを使うこともある。クリッカーを使って回答すると、情報が即座に集計され、ディスプレイに表示してみんなで見ることができるのでとても便利だ。

開発したのはソクラティブという企業で、使い方はとても簡単だ（それにユーチューブにも使い方を説明する動画がたくさん投稿されている。「クリッカー　アンケート」で検索してほしい）。出席者はまず決められたウェブサイトにアクセスし、ＩＤやパスワードを入力してログインする。次に、画面に質問が現れるので、回答を送信する。すると一瞬でデータが集計され、結果が表示される。

この装置を使えば、きわめて効率的に全員の意見を集めることができるだろう。質問の内容は、たとえば「どちらのプランを話し合いたいですか?」「このポジションに応募した人物の能力を評価してください」といった答えを限定するものでもいいし、または「このプランについて何か気がかりなことがあれば言ってください」といった自由回答式のものでもいい。

質問はミーティングの前に用意しておくこと。用意するのはそんなに大変な作業ではなく、すぐに終わるはずだ。しかし、ミーティング中に緊急の課題が持ち上がった場合は、休憩時間などにその場で質問を考えなければならなくなるだろう。

ミーティングでクリッカーを使うことに関する研究はまだ見たことがないが、少なくとも現場の感覚では、出席者からとても好意的に受け入れられていることがわかる。

クリッカー・クイズは、出席者の集中力と当事者意識を高める効果があり、さらに**使って楽しい**という側面もある。そもそもリーダーであるあなたは、出席者が有意義かつ楽しい時間を過ごすことを願っているはずだ。

キープ術⑤「悪魔」として代弁する

あらかじめ決められた役割を演じる「ロールプレイ」も有効だ。ミーティングでよく使われるロールプレイのテクニックは、**「悪魔の代弁者」**と呼ばれる。提案されているプランやアイデアなどに対して、欠点や穴をあえて探して指摘するのである。

しかし、ロールプレイの使い方はこれだけではない。たとえば、ミーティングには出席していないが、話し合っている内容の重要な利害関係者の役割を演じるという方法もあるだろう（たとえば、「年配の顧客」など）。

ロールプレイは長さを決めて行う。だいたい5分から15分が一般的だ。その間、役を演じる人は会話を独占するのではなく、あくまで普通に会話に参加する。時間が来たら、役を演じる人を交替してもいい。

他者の気持ちを想像して発言するのは頭の刺激になり、新たな視点に気づくきっかけになる。そしてこの章のテーマに関していえば、出席者が活気づいてポジティブな雰囲気を作ることもできるだろう。

キープ術⑥「ペア」で話し合う

全員で話し合いを始める前に、まず**「二人一組」**になって議題について話してもらう。時間は3分など、短いほうがいい。それが終わったら、全員の話し合いに突入する。

2人で話し合ったことを発表してもらうという方法もあるが、実はこれはそれほど重要なことではない。私は20年前からこのテクニックを研究し、実際に活用しているが、**特に発表する必要がなくても2人で真剣に話し合い、多様な意見が出る**という効果を確認している。

この「二人一組で話す」という一見シンプルな行動には、多くの利点が隠されている。

第一に、すべての人が議論に参加するということ。一対一の状況で、自分は知らん顔で相手にばかり話をさせることはなかなか難しいだろう。

第二に、新しいアイデアがたくさん生まれるということ。1つの集団で同じ考えに固執するのを避けることができる。

第三に、大人数だと気後れして話せないような人も、一対一なら気軽に話すことができる。全員での話し合いが始まると、「パートナーがシャイな人の意見を代弁する」というのもよく見られる光景だ。

このテクニックをうまく生かせるコツは、**「何らかの結論を出すのが目的ではない」と明確にすること**だ。これはあくまで仮の話し合いであり、議題について話すきっかけにすることが目的だ。所要時間を短くすれば、「仮の話し合いである」というメッセージがより明確に伝わるだろう。

キープ術⑦10秒「体」を伸ばす

これは文字通り、**体を伸ばすストレッチ**だ。シンプルだが、効果は大きい。

定期的に、たとえば大きな議題が終わるごとに全員で立ち上がり、体を伸ばす。たった10秒で全員のエネルギーを高めることができる。

見えない「荷物」に目を光らせる

第一印象のチャンスは一度しかない。それはミーティングも同じだ。出席者は様々な「荷物」をミーティングに持ち込んでくるので、第一印象が特に重要になる。

その荷物は、「とにかくミーティングが嫌いだ」というネガティブな気持ちかもしれないし、「自分の仕事が遅れているのでミーティングどころではない」という焦りかもしれない。こういった荷物は、ミーティング全体に暗い影を落とす可能性がある。

ミーティングのリーダーは、荷物に目を光らせ、ポジティブで楽しい場を作るように心がけなければならない。誰もがポジティブな気持ちで、話し合いに積極的に参加できるように手を打とう。そして何よりも、リーダーは出席者の時間を尊重しているということを伝えなければならない。

POINT

最初に「最後の結論」が決まる

❶感情は伝染する。ミーティングの場も例外ではない。**ポジティブな感情もネガティブな感情も、ミーティングの出席者の間で伝染していく**。そしてミーティングのリーダーは、ミーティングの気分をコントロールできる特異な立場にある。

❷ポジティブな雰囲気のミーティングを実現し、出席者の満足度を高めるために、リーダーであるあなたは、出席者がミーティングに向けてうまく気持ちを切り替えられるような演出を用意しなければならない。そのためのテクニックはいくつかある。たとえば、**「出席者を一人ずつ出迎える」「軽食を出す」「出席者が部屋に入ってくるときに音楽を流す」**など。

❸気持ちを切り替えてミーティングに集中してもらうためのテクニックは、他にも「マルチタスクを禁止する」というものがある。実際、**携帯電話、タブレット、ノートパソコンをミーティングに持ち込むのを禁止している企業もある。**人間は自分で思っているほどマルチタスクが得意ではない。この事実を忘れないようにしよう。

❹ミーティングに向けて気持ちを切り替えることに加え、正しい気分でミーティングを始めることも重要だ。「ミーティングの目的を明確にする」「チームや個人の功績をほめる」「ミーティングの価値を確認する」など、**ポジティブでやる気を起こさせるようなメッセージでミーティングを始める**ようにする。

❺いつもと趣向を変えたアプローチも有効だ。「クリッカー・クイズ」「ロールプレイ」「二人一組の会話」などのテクニックを取り入れる。立ち上がって「ストレッチ」するだけでもいい気分転換になる。どれもミーティングに活気を与え、出席者の意識を高める効果は抜群だ。

9章

話し合いパラドックス

黙ったほうが「まともな案」が出る

コミュニケーションにおける唯一にして最大の問題は、「それが行われている」という幻想である。

——ジョージ・バーナード・ショー（ノーベル賞作家、批評家）

大企業のエース社員が話し合って「失敗作」を作る

——ニュー・コーク、アーチ・デラックス……

世の中には、立派な企業が満を持して発表した新製品が、ものの見事に失敗したという例がたくさんある。たとえば、ビックの「使い捨て下着」やハーレーダビッドソンの「アフターシェーブローション」、マクドナルドの「アーチ・デラックス」だ。

大企業の優秀な社員が集まり、何度も会議や検討を重ね、いけると確信してゴーサインを出したはずなのに、それでも大コケしてしまったのだ。

こんな事例もある。コカ・コーラは、昔からある伝統的な「コーク」の製造を中止し、代わりに「ニュー・コーク」を発表して、消費者から大ブーイングを浴びた。コカ・コーラほどの優秀な企業が、なぜこの当然の反応を予想できなかったのだろうか。伝統的なコークを愛するファンの存在こそが、コカ・コーラの命綱であることは誰でも知っているはずなのに。

研究によると、**この種の判断ミスを起こす最大の原因は、ミーティングでなぜか必要な情報が出てこないことだ**。そのため、どんなにミーティングを重ねても、正しい結論に到達することができない。話せば話すほど、もっとも重要な情報は陰に隠れていく。

そこから導き出される答えは、この種の間違いを避ける方法の1つは**「沈黙」**だということだ。

まず結論から書こう。**ときにはミーティングで誰もが喋るのをやめて、ある一定の時間ずっと黙っていたほうが、いい結果につながることがある。**

そんなバカなと思うかもしれないが、実際にミーティングで沈黙を活用するテクニックはたくさんある。「沈黙は金」というように、特にミーティングでは、沈黙が正しい判断を生む大きな助けになるのだ。

この章では、ミーティングにありがちな問題と、沈黙がその問題の解決策になる仕組みについて見ていこう。

ごく短い時間「化学反応」が起きる

そもそもミーティングで集まるのは、情報を共有したり、協力して働いたりするために便利だからでもあるが、それ以上の理由もある。人が集まることによる「相乗効果」を期待しているのだ。

何らかの化学反応が起こってすばらしいアイデアが生まれ、ずっと悩みの種だった難問が魔法のように解決できるかもしれない。「一対一の会話やメールを重ねるより、ミーティングを開くほうがいい結果につながる」ということへの期待だ。

何人かが集まって話すことで、一人では思いつかないようなアイデアや解決策を生み出す、つまり「ひらめきの瞬間」を経験できるのが理想的なミーティングだ。

この現象を理解するには、スポーツの世界を見るとわかりやすいかもしれない。一人ひとりの能力はそれほど高くなくても、チームになることで相乗効果が起こり、個人の能力の総和を超えるパフォーマンスが発揮されることは多々ある。

そのいい例が、1980年のレークプラシッド五輪に出場した、アメリカ代表のアイスホッケーチームだろう。彼らは学生を中心とするアマチュアばかりが集まったチームだった。それが、一流プロを集めたソ連チームに勝って優勝したのだ。この歴史に残る勝利は、「氷上の奇跡」と呼ばれている。

ミーティングに関する研究によると、**ミーティングで相乗効果が起こるのは、だいたい全体の時間の10～15%ほど**だ。こんなに低いのかと驚くような数字だが、少なくとも「ミーティングの化学反応」が存在することの証拠にはなる。

人が集まるといい結果につながるのは、アイデアが増えるからかもしれないし、他者の視点や批評で新しい気づきがあるからかもしれない。しかし、もっとも大きな要素は、出席者全員の「当事者意識」や「積極的に関わる姿勢」だ。

ミーティングが相乗効果を発揮するには、出席者それぞれの能力や知識が最大限に活用される必要がある。せっかくいいアイデアや必要な知識を持っていても、それを発表してくれなければ、ミーティングは平凡な結果に終わるだろう。平凡ならまだいいほうで、あの「ニュー・コーク」のような大惨事になってしまうかもしれない。

そこで、この章のカギとなる質問だ。

「ミーティングの出席者たちは、本当に必要とされるアイデアや知識を、ミーティングの場で発表しているのだろうか？」

「みんな知っていること」を報告する——優秀なミズ・ゴールドが採用される率は20％以下

ガロルド・ステイサーとウィリアム・タイタスという2人の教授が、ミーティングにおける情報共有に関する実験を行った。

具体的には、**「本当に情報共有は行われるのか？」**を調べる実験だ。2人は被験者を集めると、それぞれの被験者にミーティングで必要になる情報を与えた。すべての被験者が与えられる情報もあれば、特定の被験者しか与えられない情報もある。

ここで興味深いのは、「それぞれの被験者がミーティングの席で自分しか知らない情報を提供すると、理想的な決断につながる」ということだ。そして、被験者が知っている情報を出さずにいると、間違った決断につながる。

例を挙げよう。

ある委員会のメンバーを選ぶためのミーティングで、候補者は2人に絞られているという状況だ。すでに詳細な面接を行い、経歴のチェックもすんでいる。候補者2人の名前は、仮に「ミズ・ゴールド」と「ミズ・テイク」にしよう。

出席者の全員が、事前に自分だけに与えられた情報をミーティングの場で発表すれば、ミズ・ゴールドのほうがはるかに優れていることがはっきりとわかる。しかし、全員が知っている情報だけで判断すると、ミズ・テイクのほうがふさわしいという結論になってしまう。ミズ・ゴールドの優れた点を知っているのは、その情報を与えられた一部の出席者だけだ。その情報が表に出てこないと、正しい決断ができなくなる。

その後、ステイサーとタイタスは、他の研究者も交えながら同じような実験を65回行ったのだが、やはり共通していたのは**「出席者は全員が知っている情報しか出さない」**ということだ。**自分しか知らない情報は、たとえ議題と大きな関係があっても、ミーティング**

の場で発表されることはない。そのため、たいていのミーティングは相乗効果が起こらず、きわめて凡庸な結果に終わることになる。

たとえばスティサーとタイタスが行ったある研究では、**ミーティングで理想的な決断に到達できるのは全体の20％以下**という結果になった。つまり**8割以上の確率で、ミズ・テイクのほうが採用される**ということだ。

ブレストでは「アイデア」が出にくい

そもそも、なぜミーティングの席では誰でも知っている情報ばかりが提供され、特定の人しか知らない情報は隠されるのだろうか？

考えられる理由は、他の人も知っている情報を提供すると、当然ながら他の人から「それは正しい」と承認してもらえるからだろう。たとえ声に出さなくても、自分の意見が受け入れられていることは仕草や表情でわかるものだ。みんなが知っている情報は、誰も驚かせず、場の空気を乱さない。

一方で、**特定の人しか知らない情報は、まさにまわりを驚かせ、場の空気をかき乱す**。どちらも集団思考の罠を脱し、真に正しい結論に到達するには絶対に欠かせない要素だ。

現に、集団思考に陥らないようにするために、ミーティングのメンバーの中に「あえて反論要員を入れておく」というテクニックもある。

ビックの使い捨て下着を例に考えてみよう。この新商品開発のミーティングで必要だったのは、このアイデアに対するもっともな反論だ――使い捨ての素材は肌触りがよくない。そもそも本当に使い捨ての下着が必要なのか？　ビックはボールペンで有名な企業であり、下着事業に参入するのが本当に正しい選択なのか？

こういった反論が出ていたら、あの大失敗は避けられただろう。**組織に必要なのは、集団の意見に流されることなく、まっとうな反論が埋もれずに表に出ること**だ。

そして、この問題を解決してくれるのが「沈黙」だ。次のシナリオについて考えてみてほしい。

6人で集まり、あるジレンマを解決するためブレインストーミングを行っている。そしてブレストが終わると、研究者が出たアイデアを集計して評価する。次も同じように6人で集まるが、今度は話し合うのではなく、6人それぞれが自分だけで解決策を考えて紙に書く。これも終わったら研究者がアイデアを集計して評価する。

これと同じか、類似する研究を80回以上行ったところ、驚くべき結果になった。**黙って**

自分の考えを紙に書いたほうが、お互いに意見を出し合って話し合うより、アイデアの数でも質でもはるかに上回っていたのだ。

そしてこの差は、ミーティングに出席する人数が多いほど開いていく。

ブレインストーミング——発言の75%は「一部の人」

黙って考えるほうがいい結果につながるのはなぜなのか。それには3つの理由が考えられる。

1つは、いわゆる「発話のブロッキング」が存在しないこと。

ミーティングのような場では、基本的に一度に1人しか話せないことになっている（実際は相手の言葉にかぶせて話すこともあるが）。そのため、**誰かが話しているので黙っているうちに、せっかく浮かんだアイデアを忘れてしまう**という事態になる。または、自分が話せるチャンスが巡ってきても、今さら言ってもしょうがないような気分になってしまうこともあるだろう。

それに加えて、人数が多いほど、発言するチャンスを見つけるのが難しくなる。ノースウェスタン大学経営学教授のリー・トンプソンによると、**伝統的なブレインストーミング**

では、ほんの一握りの出席者が発言の60〜75%を独占しているという。これでは、他の出席者は話すチャンスすらないだろう。

2つ目の理由は、「黙って考えを紙に書く」という行為には、**人前で恥をかく心配がない**ことだ。特に匿名でもいいのなら、かなり自由に自分の意見を書くことができる。他人の意見を聞いて自分の意見に自信がなくなったり、空気を読んで意見を変えたりすることもない。思ったことをそのまま書くことができる。

3つ目の理由は、全員が黙って書くという形式は、ある意味で「全員参加のミーティング」だということだ。目の前に紙と鉛筆があるので、何も書かないわけにはいかず、他人の意見の陰に隠れることもできない。

以上をまとめると、黙って紙に書くという「話し合い」は、必要な意見が埋もれるという事態を防ぐ優れた方法ということになる。

ミーティングのリーダーであるあなたは、集まった人たちの頭脳を最大限に生かすことを目指さなければならない。効果的かつ効率的に、それぞれの頭の中にある貴重なアイデアを表に出し、理想的な結論へとつなげていく。それができなければ、そもそもわざわざ集まる意味などないだろう。

次からは、沈黙を活用する具体的な方法を見ていこう。

ブレインライティング——一人で考え「紙」に書き込んでいく

「ブレインライティング」とは、沈黙を活用してアイデアを生むことを目指す一連のテクニックの総称だ。

基本的には、**ミーティングの出席者が、ある議題について自分の意見やアイデアを黙って紙に書く**という形をとる。発言と違って全員が一斉にできるので、自分の順番を待つ必要がない。また、無記名にすれば、ある一定の匿名性も担保される。

ブレインライティングにも仕切る人は必要だが、必ずしもリーダーがその役をする必要はない。仕切り役の仕事はシンプルで、何を書くかという指示を出すことと、書いている間に誰も話さないように気をつけていることだけだ。

すべての出席者が沈黙を守らなければならない。ちょっとした雑談だけでも、ブレインライティングの利点が失われる恐れがある。

口を開いていいのは、リーダーか仕切り役がそう言ったときだけだ。

ブレストより「42％」多く妙案が出る

ブレインライティングや、それに類似する形式の利点は、様々なデータからも証明されている。ミーティングがうまくいったかどうかを知るには、出されたアイデアや意見の量と質、それに出席者の満足度を調べればわかるだろう。

ある調査によると、**ブレインライティングを行ったミーティングは、普通のブレインストーミングを行ったミーティングに比べ、アイデアの総量が20％多く、独創的なアイデアに限れば42％も多かった**という。

ブレインライティングのやり方はいろいろあり、ミーティングの目的に応じて選ぶことができる。その多様性を理解してもらうために、ここでいくつか例を紹介しよう。どれも自分のニーズに合わせて応用することができる。

「1枚」に1つアイデアを書く

まず取り上げるのは、「投票型」と呼ばれる手法だ。やり方としてはきわめてシンプルだが、十分な効果が期待できる。

必要な道具は紙とペンだけ。紙はルーズリーフでも、インデックスカードでもいい。なんなら大きめの付箋紙でもかまわない。準備ができたら、すべての出席者が集まる。そして司会者が質問を出し、出席者は目の前の紙に答えを簡潔に書く。

実際に企業のブレインライティングで使われた質問の例を紹介しよう。

・「部署や業種を超えたコミュニケーション」を改善するためにどんなことができるだろう？　大切だと思うことを1つから3つ書く
・「ベンダー管理のプロセス」で改善できるところはあるだろうか？　アイデアを1つから3つ書く
・「新入社員」がチームに溶け込むために何ができるだろうか？　アイデアを1つから3つ書く

それぞれの質問に対して、出席者は答えを紙に書く。その間はずっと黙っている。全員が黙っていれば、他の人の意見に影響されたり、まわりの反応を見て意見を変えたりすることもない。

そして、**1枚の紙に書くアイデアは1つまで**だ。出席者が10人で、それぞれ3つずつアイデアを出したのなら、集める紙は全部で30枚ということになる。

「バケツ」を作って分類する

この応用編として、**「紙に書かれたアイデアを活用して、さらに多くのアイデアを出す」**という方法もある。

まず出席者に議題を与え、それについて思いつくことを紙に書いてもらう。ここでも1枚の紙に書くアイデアは1つまでだ。先ほどとは少し違い、このやり方ではアイデアの数を決めず、思いつくかぎり書いていい。

アイデアを書いた紙を部屋の真ん中にあるテーブルの上に置く。書いた面を下にして、まわりに見えないようにする。

アイデアが思いつかなくなった人は、アイデアを書いた紙の山から1枚引き、そこに書かれていることを読む。それが新しいアイデアを生むきっかけになるかもしれないし、ならないかもしれない。いずれにせよ、出席者はアイデアのヒントを求めて、何度も中央のテーブルから紙を引くことができる。用がすんだら紙を元の山に戻すのを忘れないように。

全員のアイデアが出きったら、今度は進行役（1人でもいいし、2人でも3人でもいい）が、紙の山を似ているカテゴリーに分類する。この段階は、ミーティング中に行ってもいいし、ミーティング後でもいい。たとえば、アイデアが全部で30なら、3から10のテーマで分類できるかもしれない（このテーマごとに分けられた山を**「バケツ」**と呼ぶ）。

バケツが完成したら、ミーティングは次の段階に進む。バケツの数が少ない場合は、それぞれのバケツごとに出たアイデアについて話し合い、さらに肉付けしていくという方法もある。この段階は、同じミーティングの中で行ってもいいし、次のミーティングに持ち越してもいい。

バケツの数が多い場合は、投票を行ってバケツを絞り込むという方法もある。まず進行役が、すべてのアイデアをバケツごとにまとめて壁やホワイトボードに貼り出す。そして出席者全員がそれを見て、優先順位の高いアイデアを選ぶ。

この投票のやり方は様々だ。1人ずつ投票し、その間他の人は後ろを向いているようにすれば、匿名性を守ることができる。または、全員が一斉に、自分が選んだアイデアに印をつけていくという方法もある。これがすんだら投票を集計し、もっとも票を集めたアイデアをいくつか選ぶ。これが、**「今後のミーティングで話し合われる議題」**だ。

こうすれば、民主的な方法でアイデアをかなり絞り込むことができるだろう。投票型の利点は、「全員参加である」こと、「時間がかからず効率的である」こと、そして「人の目を気にしなくていい」ことだ。**普通のブレインストーミングに比べ、3分の1ほどの時間で終わることが多い。**

「余白」にコメントを残していく

先ほど紹介した投票型よりもさらに一歩進んで、**すべての話し合いを「筆記」で行う**テクニックもある。

たとえば、チームが集まり、5から10のコンセプト、またはアイデアについて話し合うとしよう。私が実際に見た例では、5つの広告キャンペーンや、7つの新入社員トレーニングプログラム、3つの新製品コンセプトを、筆記による話し合いで絞り込むというミーティングがあった。

それぞれのアイデアやコンセプトを、紙1枚につき1つずつ書き、壁に貼ったり、机の上に並べたりする。それぞれの紙は十分に距離を取って配置する。出席者がその紙に自分の意見を書き込むときに、まわりから見えないようにするためだ。

出席者はペンを片手に部屋の中を歩き回り、紙の余白に自分の考えやアイデア、意見を書き込んでいく。何をどんなふうに書くかについては、特に決まりはない。私がこれまでに見た例をいくつか挙げよう。

「気に入った」

「いいアイデアだと思う。でもアメリカではうまくいっても、フランスの提携先ではうまくいかないかもしれないということは忘れないほうがいい」

「本当に顧客がこれを求めているか、疑問」

これは簡潔な例だが、もっと詳細な批判を書く人もいた。他の誰かが書いたコメントに、さらにコメントや返事を入れることもできる。

書くことが何も思い浮かばないときは、その紙は飛ばして次に行ってもかまわない。後で何か思いついたら、戻って書き込めばいい。

人々が部屋の中を歩き回り、いろいろと書き込んでいるうちに、**一種の「議論」のようなものが形成されていく**ことに気づくだろう。そしてすべての人が書き終わり、もう書くことがなくなったようなら、そこでこのプロセスは終了だ。

その後は、どのアイデアを採用するかについて投票を行ってもいいし、話し合ってもいい。どうやって選ぶかは、ミーティングの議題やニーズによって決まる。

紙を回して「網羅的」に着想する

特に強く印象に残っているブレインライティングの実例を紹介しよう。

ある会社の人事部長が、「新人のためのメンタリングプログラム」を作りたいと考え、8人からなるプロジェクトチームにその仕事を任せることにした。プロジェクトチームのリーダーを悩ませていたのは、メンタリングプログラムのコンセプトがきわめて曖昧だったことだ。

プログラムの対象になるのは、役職や部署にかかわらず、とにかくすべての新入社員なのか。内部の昇格で新しい地位に就いた人も対象になるのか――そういった具体的なことがまったくわからなかった。そこでリーダーは、第1回目のミーティングで、疑問点を洗い出すことにした。

彼女が選んだのはブレインライティングだ。メンバーそれぞれにインデックスカードの束を配ると、**「今回のメンタリングプログラムについて、実際の話し合いに入る前に人事**

部長に質問したいことを、1枚のカードに1つずつ書いてください」と言った。

そして書き終わったら、カードを自分の右側に重ねていく。とにかく思いつくかぎりの質問をすべて書くこと。配られたカードでは足りなくなったら、部屋の真ん中に置いてある予備のカードを使うことができる。

そして全員が書き終わったら、今度は自分の左側にあるカードの山（隣の人が書いた質問）からカードを1枚引く。カードを読んだら、次の3つのうちのどれかの行動をとる。

①他の人の意見に触発されて新しい質問を思いついたら、新しいカードに書き、相手のカードと自分のカードを右側の山に置く
②特に新しい質問を思いつかなかったら、そのまま自分の右に置き、また左からカードを引く
③カードにコメントを書き込み、自分の右側に置く

プロセスが一通り終わると、重要な質問のリストができあがった。「メンタリングの対象者は誰か」「どのようなリソースが使えるのか」「過去のメンタリングプログラムにはどんなものがあったのか」といった質問だ。リーダーは質問をまとめると、人事部長に直接

会い、すべての疑問に答えてもらった。

リーダーもメンバーも、このプロセスにとても満足した。疑問を徹底的に洗い出し、すべて解決したことで、より効果的なメンタリングプログラムを作ることができただけでなく、将来のミーティングの規範にもなったからだ。

この先も彼女のチームは、新しいテクニックを積極的に取り入れ、より楽しく充実したミーティングを目指していくだろう。

「プレゼン」の罠――話のうまさに目が行く

次に紹介するテクニックは**「黙読」**だ。

意外に思うだろうが、ただ黙って何かを読むことが、ミーティングの生産性を上げることがある。アイデア、コンセプト、プロジェクトなどの提案が議題になっているときに、特にこのテクニックが有効になる。

一般的に、ミーティングでアイデアなどを提案するときは、まずプレゼンを行い、その後で出席者が話し合うという形になるだろう。しかしアマゾンは――より具体的にはCE

0のジェフ・ベゾスは、このやり方に疑問を持った。

プレゼンという形では、どうしてもプレゼンを行う人の「見た目」や「話のうまさ」、「パワーポイント資料のできのよさ」などに目を奪われ、中身そのものを正しく評価することができなくなるからだ。

ベゾスはそれに加えて、ミーティングの場におけるまわりのプレッシャーも気になっていた。空気を読んで、まわりの意見に合わせるようなことがあってはならない。そこで取り入れたのが、**「ただ黙って資料を読む」**というスタイルだ。

それ以来、アマゾンでは、何か提案があったら「黙読用の資料」にまとめるのが当たり前になっている。ミーティングでは、まず出席者が黙って資料を読む。この段階では質問があってもまだしない。長さは10分から30分まで様々だ。

「資料」を一斉に黙って読む——これは「いいこと」

出席者は、事前に資料を読む必要はない。読むこともミーティングの一部だからだ。

ベゾスをはじめアマゾンの幹部は、社員はみな忙しく、ミーティングの準備に時間を取れないことをよく知っている。資料を読むこともミーティングの一部にすれば、出席者の全員が同じ体験を共有することができる。

そして何よりも重要なのは、**すべての人が資料をきちんと読んだ状態で話し合いを始められる**ことだ。こうすれば、ミーティングの準備をしない人への批判や不満もなくなるだろう。事前に準備が必要なのは、資料を作る「プレゼン担当者」だけだ。

プレゼン担当者は、ミーティングの前に詳しい資料を作ることで、自分の提案についてより深く考えることができる。ミーティングの議題は、出席者全員の貴重な時間を使って話し合うことになるので、きちんとした案を目に見える形で提出するのは大切なことだ。

資料はどんなに長くても6ページまでで、ある一定のフォーマットに従って書く。「問題」「問題を理解するためのデータ」「解決策の提案」「その解決策が顧客に与える影響」といったような流れだ。アマゾンでは、ミーティングの資料を書くためのトレーニングコースも提供しているという。

人は「読解」のほうが得意

黙読の時間が終わると、次はたいてい活発な議論の時間だ。資料を読むことで出席者の理解が深まっているので、この段階の議論はいつもより突っ込んだ内容になることが多い。**資料を読むという行為は、ただプレゼンを見るだけとは理解の深さがまるで違う。**

その理由の1つは、**人は話すよりも読むほうが速い**ことにある。たとえ同じ時間でも、誰かが話すのを聞くよりも、文字を読んだほうが多くの情報を取り入れられる。そのため黙読の資料は、プレゼンよりも多くの情報を含むことができる。

それに加えて、**人は聞くよりも読むほうが、その対象に対する理解を自分でコントロールできる。**よくわからなかったら読み返せばいいからだ。人の話をただ聞いているときは、注意力が散漫になったり、他のことを考えたりしてしまう。しかし、読んでいるときは、そうなるのがむしろ難しいだろう。

つまり結論は、資料を読むという行為は、プレゼンを聞く（見る）という行為に比べ、より多くの情報を、より効果的に取り入れられるということだ。そのおかげで、後に続く話し合いも、より深く、有意義なものになる。

話し合いのときに気をつけるのは、「その場でいちばん地位の高い人は、自分の意見を最後に言う」ということ。偉い人が最初に発言すると、他のメンバーの意見がそちらに流れる恐れがあるためだ。

話し合いの結果は、たいてい提案を否決するか（たとえば、今すぐに取り組むべき課題ではない、などの理由）、話し合いで出た疑問点や懸念を踏まえて提案を書き直し、改めてミーティングを開くか、提案を承認してその後の行動プランを決めるかのいずれかになるだろう。

このテクニックの「簡易バージョン」もある。きちんと作り込んだ正式な資料だけでなく、あらゆる資料の読み込みで黙読の時間を活用するのだ。ミーティングの最初の何分かを読む時間にあてれば、すべての人が同じ準備の状態でミーティングに臨むことができる。

このテクニックの効果に関する研究はまだ見たことがないが、実際に出席した人たちから話を聞くかぎり、とてもいい結果につながっているようだ。

「話し合わないといけない」わけではない

この章をしめくくる前に、もう一度ミーティングのリーダーの役割について、広い視野から眺めてみよう。

ミーティングのリーダーは、たとえるならオーケストラの指揮者のようなものだ。さらに他人の時間を使うからには、有意義な時間になるように、事前にきちんと準備をしなければならない。

そして、メンバーがそろって時間になると、話し合いが始まる――これが典型的なミーティングの進め方であり、この種のミーティングは、世界の職場で一日に何千万回も行われているだろう。

自分では意識していないかもしれないが、リーダーはここで、あるテクニックを使うことを決断している。仮にこの話し合いによる会議運営テクニックを、「同時発生的口頭交流」と呼ぶことにしよう。たしかに覚えにくいし、センスのない名前だが、ここで重要なのはそういうことではない。こうやって名前をつけたほうが、「自分は何らかのテクニックを使っている」ということをリーダーが自覚しやすくなる。

同時発生的口頭交流は、ミーティングでもっともよく使われるテクニックだ。たいていのリーダーが、何も考えずに当たり前のようにこのテクニックを使っている。しかし、**それ以外の方法もたくさんある**ということを覚えておいたほうがいいだろう。

この章で紹介したブレインライティングや黙読というテクニックは、たしかに馴染みがないかもしれないが、ミーティングの目標を達成するという働きは立派に果たしてくれる。成功したリーダーと、それ以外のリーダーを分けるカギは、**「目の前の仕事に対して正しいツールを選べるかどうか」**ということだ。

有能なリーダーは、いつものやり方に固執せず、新しいテクニックやツールを柔軟に受け入れることができる。試行錯誤をくり返し、そこから学ぶことができる。

そしてもう1つ大切なのは、たとえあるツールですばらしい結果になったとしても、この先もずっとそのツールを使う必要はないということだ。他にも効果の保証された選択肢はたくさんある。

今の私たちは、「沈黙は金」ということを知っている。コメディアンのウィル・ロジャースも言っていたように、**「黙るチャンスを逃すな」**ということだ。

POINT

一人なら「量」も「質」もこなせる

❶ミーティングを開くのは「相乗効果」を期待しているからだ。相乗効果が起こった

ミーティングでは、メンバー個々の能力の総和よりも優れた結果を出すことができる。メンバーが力を合わせれば、一人では思いつけないようなアイデアや解決策に到達できるのだ。

❷相乗効果を起こすために、いつもとは違うミーティングの進め方が有効な場合がある。たとえば、**ミーティングに「何も話さない時間」を取り入れる**といったようなテクニックだ。まわりと会話せず、一人で静かに考えると、発話のブロッキング、集団思考、社会的手抜きといった問題を避けることができる。

❸ミーティングに沈黙を取り入れるテクニックの1つに**「ブレインライティング」**がある。ブレインライティングとは、ある議題について出席者が口頭で意見を出し合う「ブレインストーミングの筆記版」だ。**研究によると、口頭よりも紙に書くほうが創造性が高まり、より多くのアイデアを思いつくことができるという。**具体的な進め方は、まず出席者にある議題について思うことを紙に書いてもらい、その結果を集計して、どの案を選ぶか投票で決めたり、筆記による討論を行ったりする。

❹ミーティングで沈黙を活用するもう1つの方法は**「黙読」**だ。黙読はプレゼンの代わりに活用することができる。ある提案について、提案者のプレゼンを見るのではなく、提案者が事前に作成した資料をミーティングの時間を使って黙読する。話を聞くよりも黙読のほうが理解が深まるので、その後の話し合いがより有意義なものになるだろう。

資料をじっくり読んだ出席者は、提案されているアイデアを、よりしっかりと頭に刻み込むことができる。それに加えて、プレゼンの時間を節約し、ミーティング前の準備の時間も減らすことができる。

❺一般的なミーティングでは、自由発言の話し合いや、順番に発言する話し合いなどが行われるが、**状況によっては沈黙が金になることもある**。すべてのミーティングで沈黙を取り入れる必要はないが、ミーティングのリーダーやまとめ役は有効なテクニックの1つとして覚えておいたほうがいい。

10章

電話会議狂騒曲

「そこにいない人」とつつがなく打ち合わせする

ミーティングも「最新テクノロジー」の影響を逃れることはできない。たとえば、次のようなことがテクノロジーの進歩によって可能になった。

①遠くにいる人も「ビデオ」などを通して出席する（ヴァーチャルリアリティも含む）
②議論の中身を出席者同士で瞬時に「共有」する

基本的に、テクノロジーは変わっても、ミーティングの本質は変わらない。21世紀であっても、19世紀であっても、ミーティングの進め方はだいたい同じだ。

とはいえ、本質的なミーティングのあり方を根本から変えるようなテクノロジーが1つだけある。それは、**「遠隔地から電話回線を使ってミーティングに出席する」**というテクノロジーだ。

私がここで述べているのは、文字通り「電話で出席する形式」のミーティングであり、映像を使ったものは含まれない。最近は映像を送る技術も格段に進歩しているが、この電話会議が近いうちに過去の遺物になりそうな気配はまったくない。

電話会議とビデオ会議のいちばんの違いは、相手の姿が見えるかどうかということであり、**まさにこれが電話会議のいちばんの問題**でもある。

「なるほど」と言っていれば参加扱いになる

その場にいない人が声だけで出席するミーティングについてどう思うか尋ねられたら、たいていの人が**「意味がない」**と答えるだろう。その一方で、自分が声だけで出席することになったらどう思うかと尋ねられたら、たいていの人が**「嬉しい」**と答えるはずだ。

どうしてこんな矛盾が起こるのだろうか？

その理由は、データを見ればわかる。声だけで出席するのが好きなのは、その時間を使ってマルチタスクができるからだ。自分の姿は相手に見えないので、ミーティングに出席しながら他の作業ができる。

これは、まったくの想定外というわけでもない。すでに見たように、人間には集団になるとサボる傾向があり、その現象には「社会的手抜き」という名前がついている。それに数々の研究や調査によると、**自分の匿名性が高まるほど、サボる傾向が高くなる**ようだ。

姿が見えないというのは、匿名の存在になる絶好のチャンスだ。遠くから声だけで出席する人は、都合よく存在を消すことができる。

「なるほど」「それで?」「ありがとう」などの言葉をタイミングよく発していれば、熱心に参加しているように思われるだろう。しかし**実際は、姿が見えないのをいいことに、ミーティングとは関係のない仕事にいそしんでいる**のだ。

「機械」のせいで話がぶつかる

ミーティングには本当に必要な人しか呼んでいないと仮定するなら、遠隔地の出席者による社会的手抜きは、ミーティングの生産性を下げる大きな要因になるはずだ。

ここで、全員のメンバーがやる気満々でミーティングに参加していると仮定しよう。しかし、**たとえやる気があっても、遠くの場所から声だけで出席するという状況で当事者意識を持つのはとても難しい。**特に出席者が5人以上になると、その場にいない人はどうしても疎外感を持ってしまう。

姿が見えないという状況には、3つの問題がある。1つ目は、会話のリズムがつかめず、相手の話に割って入ってしまうこと。2つ目は、コミュニケーションに円滑な流れが生まれないこと。そして3つ目は、言葉だけでは誤解が生じる恐れがあることだ。

それに加えて、技術的な問題もある。周囲の騒音や通信状態によっては、声がよく聞こえないということもあるだろう。この状態で理想的なコミュニケーションを実現するのは不可能だ。

まとめると、**音声だけで出席する電話会議は、「社会的手抜き」と「コミュニケーションの難しさ」という問題があるために、普通のやり方では成功できない**ということだ。

そこでこの章では、出席者の一部、または全員が音声だけで出席するようなミーティングで、特に気をつける点を見ていこう。(注)

注
この章で扱うミーティングの種類は、これまでとは違って研究や調査による豊富なデータが存在しない。そのため、私自身が企業との仕事で実際に経験した事例や、関連する研究から類推できることを元にこの章を書いている。

それでも「やれること」をやる

遠隔地にいる人もミーティングに出席する必要があるのなら、**音声だけでなく映像もあったほうがいい。**WebEx、グーグル・ハングアウト、スカイプなどを使えば、手軽にビデオ会議を実現することができる。姿が見えれば、すでに挙げたような問題の多くは回避できる。

とはいえ、出席者の移動スケジュール、使える機器などの状況によっては、ビデオ会議を行えないこともあるだろう。そこで、出席者の一部、または全員が音声だけで出席せざるをえないミーティングでは、特別な配慮が必要になる。

この状況で生産的なミーティングを実現するのはたしかに大変な仕事だが、役に立つテクニックは存在するので、安心してもらいたい。ミーティング前、ミーティング中、ミーティング後の3つの段階に分けて見ていこう。

ミーティング前――「ミュート」を封じる

・**「ミュートボタン」を禁止にする。**出席者は可能なかぎり静かな場所を見つけ、ミーティングに集中できるようにする。そうすれば、ミュートボタンを押す必要はなくなるだろう。ミュートボタンを押して声が聞こえない状態になった人は、ほぼ間違いなくマルチタスクを始める。

・電話回線を早めに開き、通信状態に問題がないか確認しておく。「正式な開始時間の前にログインしておく」という決まりを作るといいだろう。この種のミーティングでは、開始時間の遅れは特に大きな問題になる。

・声だけという制限を考慮してアジェンダを決める。つまり、**相手の姿が見えないと、有意義な話し合いをするにも限界がある**ということだ。

ミーティング中――「名前」を呼んで話を振る

・「出欠」を取る。全員が全員の声を聞く状況を作ることで、きちんと参加するという責任感につなげる。

・**発言する前に「名乗る」ことを習慣にする**（「ゴードンです。私の意見は……」というように）。

・出席者に許可をもらい、リーダーが議論を仕切ることにする。仕切り役であるリーダーは、会話が脇道にそれないように管理し、誰かを指名して発言を促すことができる。声だけの会話は統率がとれないことが多いので、出席者はほぼ全員この申し出に賛成するだろう。

・**会話をしながらできるだけ「人の名前」を呼ぶようにする。**能動的に会話の流れを管理する。「遠隔地にいる出席者の参加」を促す（「サーシャ、君の考えは？」）。航空管制官になったつもりで会話をリードし、すべての人が等しく発言するように気を配る。

・**「特定の個人」に向けて質問したり、コメントを求めたりする。**出席者の多くがその場にいて、一部の人だけが遠隔地にいるのなら、その場にいない人に積極的に声をかけて会話に参加させる。

・**「メッセンジャーアプリ」**を活用する。もちろんミーティング中に関係のない雑談をするためではなく、遠くにいる出席者が発言したいときや、何か指摘があるときに、あなたに知らせるためだ。

・お互いの姿が見えないときは、いつもよりゆっくり話し、ときおり間を置くようにする。そうすることで理解がより深まる。

・ビデオ会議のシステムを使うときは、「スクリーンの共有」「プレゼン」「リアルタイム分析」「クイズ」など、あらゆる機能を活用する。

ミーティング後——「顔を合わせる機会」を作る

・ミーティングを向上させる案を出席者に定期的に尋ねる（「やめたほうがいいこと」「このまま続けたほうがいいこと」など）。

・**ミーティング後にメンバー同士が実際に顔を合わせる機会を作り、ただの声ではなく、一人の人間としてお互いを認識できるようにする。**そうやって相手を理解し、共感を深めれば、つながりを強化することができる。その信頼関係が、将来のミーティングでもきっと生かされるだろう。

サンディの「12人出席」の電話ミーティング

ミーティングの規模が小さければ（2人から4人まで）、リーダーの統率だけで音声だけのミーティングの欠点をカバーすることができるだろう。しかし人数が増えると、それに対応したシステムを整える必要がある。

そこで、このタイプのミーティングに適したシステムをいくつか見ていこう。基本的に、**出席者が多く、音声だけで参加する出席者がいるミーティングでは、「時間を短くして集中的に話し合う」ことがカギ**になる。

さらに、音声だけの場合は、ミーティングのみで完結するのではなく、他の活動もプラスする必要があることも認識しなければならない。

言葉で説明してもわかりにくいと思うので、ここで実際にあった例を紹介しよう。

主人公はシーメンスのマネジャーで、「12人が出席する電話会議」のリーダーを務めている。このマネジャーを、仮にサンディと呼ぶことにしよう。

「チーム」を分ける——12＝4×3

サンディの電話会議は、ほぼ15分以内で終わっている。話し合う内容は、たいてい特定の問題についての情報交換や問題点の指摘、戦略の報告などで、ときには初期段階のブレインストーミングも行う（たとえば、「叩き台となるアイデアを生む」など）。

一方で、**意思決定や問題解決など、深い議論を必要とする議題は、絶対にこの種のミーティングで扱うことはない**。意思決定の必要が生じたら、彼女が選ぶ道は2つに1つだ。

1つは、**12人のチームを「4人ずつのサブチーム」に分ける**こと。

サブチームで問題について話し合い、解決策の案を出す。さらに、サブチームを代表して発言する人物を1人選ぶ。サブチームは少人数なので、たとえ声だけでも全員がきちんと話し合いに参加できる（サブチームのメンバーは交代することもある）。その後、サブチームの代表者とサンディで集まり、最終的な解決策を決める。代表者がそこで決まったことをサブチームに伝える。

このシステムは、議会制民主主義に似ているかもしれない。すべての人が何らかの形で話し合いに参加しているが、実際に集まる人数は最小限に抑えられている。その結果、高度に集中した話し合いが可能になった。

サンディはこのやり方で、大規模な声だけのミーティングにともなう問題の数々を避けることができている。電話会議に適した人数は3人から4人であり、12人はいくらなんでも多すぎる。

「フロー」を分ける――「2回目」で結論を出す

遠隔地にいる人たちと意思決定を行う際に有効なテクニックの2つ目は、「インターバル」を活用することだ。ここでもサンディの例を使って説明しよう。

彼女は電話会議で、出席者全員の知恵を借りて、ある問題を解決することになった。彼女が問題の概要を説明し、そして出席者からの質問に答える。ミーティングの長さは15分しかない。

そしてミーティングが終わったら、グーグル・ドキュメントのようなツールを使い、メンバーがそれぞれ都合のいい時間に意見やアイデアを書き込んでいく。あらかじめ決めておいた日数が経過したら、この「ブレインストーミング」は終了だ。

サンディはチームから代表者を1人選び、全員の意見が書き込まれたドキュメントを整理する役を与える。代表者はメンバーの意見を整理し、いくつかの選択肢にまとめる。その選択肢を叩き台にして、次の段階で優先順位を決める。

メンバー全員がサンディからメールを受け取り、代表者がまとめた案を見て、自分がベストだと思う案に投票するように指示を受ける。この投票は匿名で行ってもかまわない。

次に、20分の電話会議を行う（彼女のチームは、この種のミーティングのためにもともと一週間に2時間を確保しているので、20分の時間を作るのは難しいことではない）。

まずサンディが得票数の多かった案を発表し、その中からどれを選ぶかを全員で話し合う。**サンディはここで結論を出そうとは思っていない。音声だけの会話では、真の合意に達するのは不可能だと知っているから**だ。

そして翌日、オンライン投票の機能を使って、それぞれのメンバーがベストだと思う案に投票する。投票が終わったら、サンディが結果と今後の行動計画を発表し、責任者を3人指名して稼働する。この3人は、状況に応じて最終案に修正を加えてもかまわない。

このやり方で私がもっとも感心するのは、サンディが電話会議の限界をきちんと認識し、追加のミーティングのプロセスをとても効果的に活用していることだ。

ミーティングの時間は、すべて合わせても35分でしかない。彼女はこの短い時間で、メンバーの意見やアイデアをたくさん引き出し、結論を出すことに成功している。メンバーたちは、自分の意見はもちろん、自分の時間も尊重してもらっていると感じることができるだろう。

ここでサンディからいちばん学んでおきたいのは、**「インターバル」**を活用するということだ。インターバルを挟んで短いミーティングを何度か重ねるという方法で、トータルのミーティング時間を短く抑えながら、有意義な話し合いを行い、有効な結論を出すことができる。

アジェンダや議題が何であっても、「情報や意見を集める」「その情報や意見に対しての考えを述べる」「投票する」「優先順位を決める」というプロセスが必要なら、インターバルを挟むというこのテクニックを活用することができるだろう。

「ベストでない結論」に飛びつかずにすむ

これと関連して、ミーティングは短く分割したほうが効果的だということを示すデータも存在する。この問題について調べた、社会心理学の古典的な研究を紹介しよう。

まず被験者を集めてミーティングを行ってもらう。そのミーティングである問題について話し合い、全員の合意で結論に到達することを目指す。結論が出ると、研究者は、ミーティングのメンバーに向かってもう一度「同じ問題」を課して結論を出すように言う。これを聞いたメンバーは面食らう。明らかにおかしな指示であり、前の結論についてのフィードバックももらえない。

しかし、この実験の結果はとてもおもしろいことになる。**ほとんどのケースで、二度目に出した結論のほうが、最初の結論よりも包括的で、独創的になっている**のだ。しかもメンバー自身も、解決策が向上したことを認識できる。

おそらくそうなる要因は、ミーティングを2つのパートに分けたことだろう。

たいていの人は、ミーティングで十分に話し合わず、結論を急ぐ傾向がある。**最初に出たよさそうな案にみんなが賛成し、それでいいということになってしまう**のだ。これでは、議論が十分に深まる余地がない。

そこでミーティングを2つのパートに分けると、この問題を防ぐことができるかもしれない。

2004年の『ハーバード・ビジネス・レビュー』に掲載された「貴重な時間を無駄にするのはやめよう」という記事によると、キャドバリー・シュウェップスやボーイングといった大企業も、このやり方を採用しているという。最初のミーティングで出された案について話し合い、そして二度目のミーティングで結論を出すのだ。

どちらの企業も、「話し合い」と「意思決定」のプロセスを分けることで、とても大きな成果を挙げているという。

この世でもっとも難しいMTG

私は10年以上にわたり、より有意義なミーティングを求めて研究を重ねてきた。その私が断言するが、**「遠隔地から声だけで出席するミーティング」は、成果を出すのがもっとも難しい。**

とはいえ、そんな逆境にも負けずに、うまくいっている例も実際にこの目で見てきた。大切なのは、この章で見てきたようなテクニックを取り入れることだ。ミーティングのリーダーであるあなたは、この難しいミーティングで成果を出せたときに、この上ない満足感を味わうことができるだろう。

この章で紹介したテクニックは、たしかに音声だけのミーティングで使うと効果的だが、**それ以外の状況にも応用できる**。たとえば「インターバル」というテクニックは、全員が直接参加するミーティングでも有効だ。

POINT

「普通の会議」とは似ても似つかない

❶ミーティングにも最新のテクノロジーが次々と導入されているが、ミーティングの基本的なあり方は変わっていない。どんなに便利なテクノロジーがあっても、ミーティングとは2人以上の人間が仕事に関連する事柄を話し合うための集まりであり、「ただの会話よりも構造化されているが、レクチャーほどの厳格な形式はない話し合い」が行われる場だ。

❷本書に登場するツールやテクニックのほとんどは、どんなミーティングにも応用す

ることができるが、なかには特別な配慮が必要なミーティングも存在する。それは、遠隔地から声だけで出席する形のミーティング、いわゆる**「電話会議」**だ。この種のミーティングには、社会的手抜きにつながる特性があることを覚えておかなければならない。それに加えて、音声しかないことによるコミュニケーションの問題（誤解や会話のリズムの悪さ）などもある。

❸遠隔地から声だけで出席するミーティングの問題を避けるには、リーダーが積極的に会話を統率する必要がある。会話が脇道にそれないように気をつけ、すべての出席者に参加を促す。名前を呼んで意見を尋ねたりするのが効果的だ。また、「ミュートボタンを禁止する」といった方法もある。ミーティングの進み具合につねに気を配り、声だけの状況に特有の問題がなるべく起こらないようにする。

❹出席者が5人以上になる場合は、**「サブチームに分割する」「インターバルを挟んで短いミーティングを複数回行う」**などのテクニックを活用する。

11章 スーパー・ミーティングの補論

確実なメソッド、それを可能にする理論

ミーティングはどんな組織にも存在する。ミーティングに満足していない人はたくさんいるが、それが当たり前だと思ってあきらめてはいけない。

ミーティングには、多大な時間と労力が費やされている。アメリカだけでも、ミーティングにかかる費用は年間で実に1兆ドル以上だ。これだけの投資をするのだから、納得できる見返りを要求しなければならない。

本書に何度か登場した元インテルCEOのアンディ・グローブは、「社員の時間を盗むのは会社の備品を盗むのと同じだ」と言った。

そして私も、ここであえて断言したい。組織が行う投資のうちで、**ミーティングほどぞんざいに扱われている投資は存在しない**だろう。

ミーティングはこれだけの大がかりな投資であるのに、その効果やリターンが精査されることはまったくない。時間や人件費といった直接的なコストだけでなく、出席者の不満や機会損失といった間接的なコストもある。

それを考えれば、「ミーティングは無駄なもの」という現実を、あきらめて受け入れてしまっていいわけがない。

「小さな変化」を根気強く続ける

それと同じ意味で、私はマネジメントの神様と呼ばれるピーター・ドラッカーの「ミーティング不要論」にもきっぱりと反対する。

組織にはミーティングが必要だ。ミーティングがなければ、組織はイノベーションを起こすことも、素早く動くことも、逆境から立ち直ることも不可能だろう。

成功した組織やリーダーであれば、小さな変化を積み重ねていくだけで、組織を繁栄に導き、そこで働く人たちの健康とやる気を向上させられることを知っている。その小さな変化は、たとえば**「週に一度のミーティング」**でもいい。

多くの組織で、生産性のない無駄なミーティングが、まるで宿痾《しゅくあ》のようにはびこっている。あなたもきっと、その現実に気づいているだろう。

しかし、そんなに悲観することはない。正しいミーティングを実現するテクニックを手に入れれば、これまでの無駄を取り返すことができる。

誰もがミーティングの生産性に敏感になり、従業員の時間のわずか10％でも取り返すことができたら、組織全体の見返りはとてつもなく大きくなる。この最後の章では、これまで学んだことをおさらいし、さらに行動へとつなげていくことを目指したい。

この本で学んだことは、5つのカテゴリーに分類できる。①視覚化と予測、②準備、③心構え、④能動的なミーティングの管理、そして⑤内省だ。

詳細でなくても「見通し」を立てる

組織で行われる活動のほとんどは、ある一定の予測と計画が必要になる。顧客との関わりが必要な仕事は特にそうだ。予測と計画のために使う時間は、たった5分から15分かもしれない。しかし、**たとえ少しでも計画に時間を使い、できるかぎり効率的に物事を進め**

ることを目指すのは、それだけ相手の時間を尊重しているということだ。

ミーティングのリーダーであるあなたも、少しでも時間を作ってこれから行うミーティングを視覚化すれば（つまり、重要なポイントやリスク、話し合いの流れを想像すれば）、成功の確率を上げることができる。または、あえてミーティングが失敗する流れを予想して、そこから対策を立てるという方法もあるだろう。

このような視覚化と予測が、最終的なミーティングの成功をもたらしてくれる。そしてくり返すが、**このプロセスにかける時間はたった5分から15分でかまわない**。

そして視覚化ができたら、次に準備の段階へ進んでいく。

前例から離れて「決断」する

ミーティングがまだ始まっていなくても、正しい決断が求められる事柄はたくさんある。リーダーはここで、慣習や伝統にとらわれるのではなく、意識的に決断しなければならない。決断すべきことは、「ミーティングの時間」「アジェンダ」「出席者」そして「ミーティングの構造」だ。

「パーキンソンの法則」に気をつける

4章でも見たように、パーキンソンの法則によると、ある仕事にかかる時間は、その仕事に割り当てられた時間によって決まる。ミーティングの時間を決めるときは、この法則を念頭に置き、目標、アジェンダ、出席者といった要素を考慮して、最適な長さを選ばなければならない。

また、もう1つ覚えておきたいのは、**開始の時間も、ミーティングの長さも、必ずしもキリのいい数字である必要はない**ということだ。そこまでするのは自分の会社の文化に合わないというのなら、グーグルのやり方を参考にして、1時間のミーティングを55分か50分に短縮してみよう（または、どんな長さのミーティングでもいいので、とにかく5分から10分短くする）。

時間の短縮は、おそらくポジティブな結果をもたらしてくれるだろう。ミーティング間の余裕ができるので遅刻が減り、時間的制約が議論にほどよい緊張感をもたらしてくれる。

「いいアジェンダ」は新しいアジェンダ

5章で見たように、ミーティングのアジェンダは世間でいわれているほどの万能薬ではない。具体的には、数々の研究からも明らかなように、**アジェンダを決めるだけでミーテ**

ィングの質が格段に向上するわけではない。

アジェンダを効果的に活用するには、リーダーがまず意識的になる必要がある。慎重に検討を重ね、本当に話し合う必要のあるアジェンダを選ばなければならない。それに加えて、新鮮なアジェンダであること！　同じアジェンダを日付だけ変えて使い回すのは、厳禁だ。

正しいアジェンダを選ぶコツは、出席者に案を出してもらうことだ。そして**話し合う順番を決めるときは、絶対に話し合わなければならない議題をトップ近くに持ってくること。**いつも近況報告からミーティングを始めているのなら、それを最後のほうに回すことを考えてみよう。

必ず話し合うべき議題を決めることと関連して、議題ごとの時間配分を決めておくという方法もある。時間配分は、ミーティングごとに、必要かどうか判断すること。時間配分を決めるのは、必ずしもそのほうが効率がいいからではない。むしろ、すべての議題をもらさずカバーすることが目的だ。

また、**ミーティングにめったに顔を出さないメンバーがいるのなら、議題の1つをその人の担当にする**という方法がある。ミーティングに出席し、責任を持ってその議題の話し合いを取り仕切ることで、適切なリーダーシップスキルが身につくだろう。

「人数」を絞る

ミーティングの出席者が多くなるほど、有効性も上がるはずだと考える人は多い。たしかに、人数が増えればアイデアや意見が増え、よりよい結論にたどりつけそうだ。

しかし6章でも見たように、現実はそうではない。**人数の多いミーティングは、意見が多すぎてまとまらず、人の移動や場所の確保といった問題もある。**

一方で、だからといって単純に人数を少なくすればいいという話でもない。**呼ばれなくなったメンバーは、傷つき、疎外感を抱く**だろう。彼らを責めることはできない。人間は群れる動物であり、何かに招待されるということは、その集団に所属することを意味するからだ。

このジレンマを解決するには、まずミーティングに必要な人数を決め、次に呼ばなくてもいいと判断したメンバーも、何らかの形で話し合いに参加する方法を考える。

ちなみに、ミーティングの「正しい人数」を決めるには、まずミーティングの目標から本当に必要なメンバーを割り出すことから始める。それぞれの議題に欠かせないメンバーがわかれば、正しい人数を決めるのもずっと簡単になるはずだ。すべてのメンバーにずっといてもらう必要がない場合は、「議題ごとの出席者リスト」を考えてもいい。

こうやって出席者を厳選していっても、「絶対に必要というわけではないが、呼ぶ理由もそれなりにある」というメンバーが何人か出てくるだろう。そういった人たちをすべて呼ぶと、たいていの場合、人数が多すぎて収拾がつかなくなる。

彼らに対しては、ミーティングに出席してもらうのではなく、違うアプローチを使ってみよう。**ミーティングの前に会って、議題に関する意見やアイデアをあらかじめ聞いておくのだ。**こうすれば彼らも、実際に出席しなくても、自分も関わっているという気分になれるだろう。

それに加えて、ミーティングの詳細な議事録を取り（決まったことを実行に移すときの責任者も書いておく）、出席しなかった人も含めたすべてのメンバーに配るという方法も有効だ。

ミーティングに呼ばなかった人への気づかいとしては、**「この先のミーティングには呼ぶ可能性もある」ということを伝えておく**という方法もある。

ミーティングの人数を最小限に抑える最後の方法は、**チームをさらに「小さなチーム」**

に分けて、それぞれのサブチームの代表者を決めるというものだ。たとえば、関係のある部署の全員を呼ぶのではなく、その部署の代表者だけを呼び、部署の意見を代弁してもらうのだ。

そうすれば、呼ばれなかった人たちも、自分の意見がないがしろにされていると感じることはない。

「席」を替えたり、なくしたりする

7章では、人間は「習慣の生き物」であるという話をした。

ミーティングも例外ではなく、私たちはたいてい、いつも同じ部屋でミーティングを開き、同じ時間に始め、同じ人を呼び、同じ席に座り、だいたい同じ手順で進めていく。これではマンネリ化して当然だろう。

ミーティングに新鮮さを保つには、たとえば席順を変えるというテクニックがある。単純だと思うかもしれないが、**誰の隣に座るか、誰の向かいに座るか、誰から離れて座るかということは、その人のミーティング体験と、全般的なミーティングの質に多大な影響を与える**。

あなたもすでに気づいているかもしれないが、人間というものはいつも同じ席に座りたがる。席を替える方法は、「シンプルに『いつもと違う席に座ってください』と頼む」「席に名札を置く」「机と椅子の配置を変える」「部屋を変える」といった方法がある。

椅子そのものをなくしたいと思うなら、**「歩きながら行うミーティング」**を試してみよう。歩くことの利点は、数々の調査や研究ですでに証明されている。肥満や心臓病の予防から、創造性と集中力を高めることまで、実に様々な効果がある。

ここで注意したいのは、**歩くミーティングは、2人から4人の少人数に適している**ということだ。その他にも、「事前に計画を立てる」「外を歩く」「最後は出発点に戻る環状ルートにする」といった注意点がある（ルートについては、状況によっては必ずしも環状でなくてもかまわない）。

そして最後におすすめする方法は、**「立って行うミーティング」**だ。歩くことと同じで、立っているのは座っているよりも健康にいいと認められている。

立つミーティングは、人数が多くても大丈夫だが、出席者が疲れないように時間は短くしなければならない。だいたい15分前後が適切だ。

自分を「ギバー」だと思う

リーダーの心構えは、ミーティングの成否を分ける大切な要素になる。

3章で見たように、**ミーティングのリーダーは「人に与える」「人に仕える」という態度が必要**だ。この気持ちでミーティングに臨むリーダーは、出席者全員にとって有益な時間になることを目指してミーティングの準備をする。

逆に、**人の上に立つことに快感を覚えるようなタイプのリーダーは、ミーティング中の会話も独占して、自分ばかりが発言する**。何事においても自分中心だ。自分のことに夢中になりすぎて、ミーティングを効果的に取り仕切るエネルギーはもう残っていない。

与える人（ギバー）であり、仕える人（サーバント）であるリーダーは、自分を大きく見せるためにミーティングを利用することはない。彼らにとって大切なのは、**出席者がミーティングに満足すること**だ。つねに人間関係の力学を注視し、すべての出席者に気を配り、正しい質問をして、アクティブリスニングを自らが実践し、出席者から意見を引き出し、会話の流れを交通整理して、争いが起こりそうになったらうまく調整する。

そのようなリーダーは、能動的にミーティングを管理しているが、自分の意見を押しつけることは決してない。彼らはメンバーの信頼を勝ち取り、誰もが安心して正直になれる環境を作り、メンバーから多くのアイデアや創造性を引き出すことができる。

しかし、だからといって先頭に立つリーダーを否定するわけではない。むしろ必要であれば、会話を統率して引っ張る役割も求められる。

サーバントであり、ギバーであるリーダーであれば、メンバーもこのリーダーシップを自然に受け入れるだろう。リーダーが強い態度に出るのはミーティングを成功させるためであり、自分のためではなくメンバーのために行動していると理解するはずだ。

基本的に、サーバント・リーダーは、他者の時間を有効に使うために努力するという自分の立場に誇りを持っている。**究極的には、それが成功につながる**と知っているからだ。

スーパー・ミーティングを「キープ」する

「ミーティングは仕事の邪魔だ」と感じる人は多い。

そのためミーティングのリーダーは、出席者が部屋に入った瞬間から、ポジティブな空気を作るように気を配らなければならない。

「軽食」を出す

ポジティブな空気を作るテクニックはいくつかある。たとえば、「音楽を流す」「出席者を元気に出迎える」といったことだ。

「軽食」を出すのも効果的だ。現に料理研究家のジュリア・チャイルドも、**「ケーキのないパーティはただのミーティングだ」**と言っていた。とはいえ、ケーキを出したからといって、ミーティングがパーティになることは保証できない。

出席者を出迎えるときの演出で終わりではない。本番のミーティングを始めるときも、やはり最初が肝心だ。8章で見たように、「チームの功績を賞賛する」「ミーティングの価値を再確認する」といったテクニックで、ポジティブなトーンでミーティングを始められるようにする。

「ガジェット」の禁止

そしてミーティング中に大切なのは、とにかく目の前の話し合いに集中することだ。そのためには、「マルチタスクを禁止する」といった方法があるだろう。実際、ミーティング中の携帯電話、ノートパソコン、タブレットの使用を禁止している企業もある。

そこまでやる必要はないと感じる人も多いかもしれない。たしかに、時と場合によっては、テクノロジーの持ち込みを許可すべきときもある（緊急の連絡に備える、記録を取るためにノートパソコンを使う、など）。とはいえ、**人間の脳は本来、マルチタスクが得意でない**ということは覚えておこう。

ミーティングを充実した時間にして、出席者の満足度を高めたいのなら、出席者を飽きさせないような工夫が必要だ。「クリッカー・クイズ」「ロールプレイ」「二人一組のディスカッション」など、様々なテクニックを取り入れてみよう。単純な「ストレッチ」でも、いい気分転換になる。

「紙」と「ペン」で前に進む

さらに本書では、これまでの常識では考えられなかったようなテクニックも紹介している。たとえば**「沈黙」**だ。ミーティング中に誰も発言しない沈黙の時間を作り、出席者それぞれがアイデアを考えたり、今見たプレゼンに関する自分の意見をまとめたりする。

沈黙の利点は、発話のブロッキング、集団思考、社会的手抜きといった問題を避けられることだ。

沈黙をミーティングに取り入れる具体的なテクニックについては、9章でいくつか紹介している。**「ブレインライティング」**や**「黙読」**だ。

ブレインライティングとは、ブレインストーミングの筆記版で、ある問題に対する自分の考えやアイデアを口頭で発表するのではなく、黙って考えて紙に書く手法だ。ミーティングで集まっているのに黙って書くのは意味がないと思うかもしれないが、**ブレインライティングのほうがブレインストーミングよりも創造性が高まり、たくさんのアイデアが生まれることは、数々の研究によって証明されている**。

ブレインライティングを取り入れるなら、インデックスカード、メモ用紙などを出席者に配り、アイデアを書き込んでもらうといいだろう。付箋紙でもかまわない。紙を回収してアイデアを集計したら、投票でいちばんいいアイデアを選んでもいいし、集計結果を叩き台にして議論してもいい。

ミーティングに沈黙を取り入れるもう1つのテクニックは「黙読」だ。

たいていのミーティングは、口頭によるアイデアの提案やプレゼンなどで始まるだろう。しかし黙読のテクニックを取り入れるなら、提案もプレゼンもなくなり、代わりに出席者全員が用意された資料を黙って読むことになる。そうやって全員が内容を理解すれば、意義深い議論につなげることができるだろう。

黙読をすると理解が深まり、内容が記憶に残りやすい。それにプレゼンやミーティング前の準備を不要にすることで、時間の節約にもなるだろう。

結論を出す前に「インターバル」をはさむ

最後に、出席者と顔を合わせることができないミーティングについて考えていこう。メンバーの誰かが出張中かもしれないし、違う支社で働く人にも出席してもらう必要があるかもしれない。そういった状況では、通信技術を使ったミーティングに特有の問題点を把握し、きちんと対策を立てる必要がある。

たとえば、**「時間を短くする」「インターバルを入れる」「ミーティング前のデータ収集」**など、ミーティングの構造を工夫するといった方法がある。

それに加えて、リーダーとして遠慮せずに議論を仕切ることも必要だ。**出席者を「名前」で呼び、質問したり、意見を求めたりする**。マルチタスク防止のために、**「ミュートボタンの禁止」**を検討してもいいだろう。

悪態を「フィードバック」として受け入れる

3章で、私は少し厳しいことを書いた。それは、**「ミーティングのリーダーとしてのあなたの能力は、自分で思っているほど高くないかもしれない」**ということだ。しかし、そんなに心配することはない。たいていの人はあなたと同じだからだ。

年齢や職業に関係なく、**人間が自分を過大評価する生き物であることはすでに証明されている。**だからここでは、「自分は自分の能力を正しく評価できていない」という事実を受け入れて、それに沿った対策を立てればいい。

ミーティングに関しては、うまくいっているかどうか判断できるサインがいくつかある。

ミーティングの間ずっと、出席者が「スマホ」を見ているか？

出席者が「雑談」しているか？

人の意見に反対できないような「空気」があるか？

この3つの質問のどれか1つでも答えが「はい」であるなら、自分のミーティングはうまくいっていないと考えたほうがいいだろう。

また、リーダーである自分ばかり話して、メンバーの発言が少ないなら、それもまた悪いミーティングのサインだ。

そういったサインは、出席者たちからリーダーへのフィードバックだと考えよう。そしていうまでもないことだが、フィードバックを受け取ったら、それを変化のきっかけにしなければならない。

そういった非公式のサインもたしかに大切だが、自分のリーダーシップスキルを知るいちばんの方法は、出席者に**「アンケート」**をとることだろう。あまり大がかりにならず、時間をかけずに簡単に答えられるようなアンケートが望ましい。

すべてのメンバーを対象に、「やめたほうがいいこと」「やったほうがいいこと」「このまま続けたほうがいいこと」などを尋ねる。アンケートの答えを見れば、自分のリーダーとしての能力を客観的に知ることができるだろう。

そしてフィードバックを受け取ったら、必ず行動に反映させること。ミーティングの生産性を高め、自分の存在や時間が尊重されていると出席者が実感できるような変化を起こそう。

1つ試して「効果」を実感する

悪いミーティングは、リーダー、チームのメンバー、部署、それに組織全体にとっても不利益になる。しかし、その問題に対する答えは、ミーティングそのものを廃止することではない。**ミーティングとは、正しく使えば、組織に大きな利益をもたらしてくれるツールなのだ。**

第一に、**ミーティングはメンバー同士が個人的につながるきっかけになる。**

そして、**ミーティングは個々のアイデア、思考、意見を持ち寄る「最適な場」になる。**メンバーの知恵を結集し、お互いに協力して、それぞれがより高いパフォーマンスを発揮できるようになる。

さらに、リーダーとメンバーが理解を共有し、**より効率的なチームワークを実現できる。**

加えて、1つの場所に集まることで仲間意識が生まれ、**個人だけで働くときよりも、目標へのコミットメントや士気が高まる。**ミーティングは、出席者が「自分は何か大きなものの一員だ」と実感するチャンスになる。

そして最後に、**ミーティングによって、ばらばらの個人が、1つのチームとしてまとま**

ることができる。まとまりのあるチームは、柔軟性や立ち直る力が高く、自主的に動くことができる。これらの能力は、特に危機のときに大きな助けになるだろう。

私の願いは、ミーティングのリーダーであるあなたが、本書で紹介されている新しいテクニックを実際に試し、そして自分のミーティングが向上するのを実感することだ。すべてを一度に実行する必要はない。最初は1つか2つでかまわない。本当に効果があるかどうか判断しよう。そして効果が実感できたら、だんだんと数を増やしていく。挑戦、反省、学習、挑戦、反省、学習。そのくり返しだ。

自分のミーティングが目に見えて向上するのはもちろん、**そうやって新しいことに挑戦するリーダーの姿勢が、まわりの人たちへの前向きなメッセージになる**。メンバーも挑戦するリーダーに触発され、やがてイノベーションと成功が、あなたのチームの文化になるだろう。

そしてメンバーたちがいつかリーダーになったとき、あなたの姿勢を受け継いでくれれば、こんなに嬉しいことはないはずだ。あなたがミーティングに投資した努力が、組織全体に大きな見返りをもたらしてくれる。

私たちが力を合わせれば、ミーティングを取り巻く悲惨な状況を変えることができる。焦らず1つずつ改善していこう。あなたがミーティングのリーダーなのであれば、少なくとも自分のミーティングを変える力はあるはずだ。

おわりに　研究の「さらにその先」を行くメソッドを探って

私はこの本の全編を通じて、ミーティングにまつわるやっかいな問題を、科学の視点で解決することを目指してきた。ここではさらに一歩進んで、ミーティングの科学の最先端と、さらにその先に触れたいと思う。そこにはどんなアイデアやテクニックがあるのだろうか？

本章の執筆は、私が博士課程で教えている優秀な学生のケルシー・グルニエと共同で行った。

グーグル、バンク・オブ・アメリカ……1000人以上の生の声

ここでは、人々がミーティングの現場で採用して、実際に効果があったテクニックについて見ていこう。リンクトインを活用して多くのプロフェッショナルにメールを送り、5分で終わるアンケートを実施した。アンケートの質問は、大きく2つに分けられる。

・ミーティングをより効果的にするために「リーダー」が行ったことのなかで、もっとも革新的なアイデアは何か？
・ミーティングをより効果的にするために「組織」が行ったことのなかで、もっとも革新的なアイデアは何か？

私たちはインターネットを使ってアンケートをとり、1000人以上から回答を得た。回答者の職業や職種は多岐にわたり、CEO、マーケティング部長、品質管理マネジャー、IT専門家、経営コンサルタント、NPO役員、リポーター、動物保護官などがいる。回答者が働いている企業も、グーグルやバンク・オブ・アメリカといった大企業から、地方の小さな建設会社まで様々だ。

回答が集まったら、今度は集計だ。回答者に自由に書いてもらった言葉をまとめると、全部で100ページほどになった。だいたい想像はつくだろうが、同じような内容の答えも多かった。回答を似たテーマで分類したところ、全部で2000近くあった「革新的なアイデア」を、44まで絞り込むことができた。その44をさらに大まかなカテゴリーに分けたところ、最終的に4つのカテゴリーに大別できた。

①ミーティングの「準備」に関するアイデア
②ミーティングの「進め方」に関するアイデア
③ミーティングの「終わり方」に関するアイデア
④「組織の方針」や「実践」に関するアイデア

そこで私たちは、4つのカテゴリーそれぞれについて、実際に寄せられた回答の例と、本書で参照になる章がわかるような表を作った。なかでも数が多かったアイデアにはアスタリスクをつけている。

ここで注意してもらいたいのは、数が多かったからといって、もっとも推奨できるアイデアだとはかぎらないということだ。ただ回答者の多くがそれを答えたということを意味するにすぎない。

この章の主な目的は、**アカデミックな研究ではまだ発見されていない、現場の最新のテクニックやアイデアを洗い出すこと**だ。興味深いことに、今回のアンケートで集めた現場の声は、本書で紹介してきた研究の結果とだいたい一致しているようだった。

ミーティングの「準備」に関するアイデア

アイデア	アンケートの回答例	関連する章
①本当に必要なときだけにする*	ミーティングの前に話し合う予定だった問題が解決した場合、他の方法(メールなど)でもミーティングと同じ効果がある場合、必要な人物が出席できない場合、リーダーはミーティングをキャンセルすべきである。	4章、5章
②正しい人を呼ぶ	ミーティングに呼ぶのは、絶対に必要な人と、ミーティングに出ることで本人のキャリアアップにつながる人だけにする。それに加えて、自分は出る必要がないというメンバー本人の判断を信じ、「ミーティングへの出席を断る権限」を与える。	5章、6章
③ミーティングの前に意見を集める*	アジェンダ構築のプロセスにメンバーも参加させるには、アジェンダ構築に対する一般的な意見や、どの議題を含めるべきか、または含めないべきかといったアイデアを求める。この種の情報を集めるのに適した手法は「アンケート」だ。	5章、6章
④アジェンダ内の議題に優先順位をつけ、制限時間を決める	アジェンダに含まれる各議題に優先順位をつけ、議題ごとに時間配分を決める。	4章、5章
⑤事前に出席者にアジェンダを渡しておく*	ミーティングの前にすべての出席者にアジェンダを配布しておく。ミーティングの目標や、それぞれの出席者に求められる役割などの情報も追加しておく。	5章
⑥事前に必要な資料を必要な分渡しておく	事前に読んでおくべき資料を出席者に送っておく。可能なら資料の量に制限を設ける。	9章
⑦目的に合わせて場所を選ぶ*	ミーティングを行う場所や、ミーティングの形式(立って行う、歩きながら行う、など)をあらかじめ計画する。会議室ではなく屋外でもいい。いつも同じ席にならないように、こちらで決めた席に座ってもらうという方法もある。	7章

注:アスタリスク(*)は多かった意見

⑯「コスト計算機」を導入して時間を大切にする姿勢を徹底する	「財務分析」や「コスト計算機」などのツールを使って、出席者の時給から換算したコストを表示し、ミーティングのコストが一目でわかるようにする。多大なコストがかかっていることがわかれば、出席者が禁止事項などの決まりを守る動機になり、さらにミーティングの大切さを再確認できる。	2章
⑰能動的な参加を促す	視覚効果を活用して能動的な参加を促す。ただし、多用しすぎて集中の妨げにならないように注意(パワーポイントのスライドの数を制限する、など)。他にもロールプレイなどの方法もある。	8章、9章、ツール「ミーティング運営チェックリスト」
⑱手持ちぶさたを解消するようなアイテムを提供する、または持ち込みを許可する	手を動かしたり、何かを触ったりしていたほうが集中できるという人のために、それができる環境を用意する。モール、粘土、ハンドスピナーなどの道具を提供するか、または持ち込みを許可する。	8章
⑲あらかじめ休憩時間を入れておく	トイレ、水分補給、スマホのチェックなどのために休憩時間を入れる	4章、8章
⑳ユーモアを用いる	ユーモアを取り入れて活気を維持する。ただ楽しい雰囲気になるだけでなく、緊張をほぐす役割も期待できる。	8章
㉑質問を活用する	「宣言」よりも「質問」の多いアジェンダを作る。	3章、5章
㉒メンバー同士がリアルタイムで交流できるようなテクノロジーを活用する*	スクリーンやドキュメントの共有機能を活用し、すべての出席者で情報を同時に共有できるようにする。	6章
㉓ランダムに出席者を決める	すべてのメンバーがどの議題にも貢献できると仮定するなら、出席者をランダムに選ぶことでメンバーの緊張感を維持する方法もある。ウェブサイトやアプリを使えば、出席者を完全にランダムに選ぶことができる。	10章

ミーティングの「進め方」に関するアイデア

アイデア	アンケートの回答例	関連する章
⑧出席者に役割と責任を与える＊	出席者それぞれに役割を与え（ミーティングのリーダー役も含む）、定期的に役割を交替する。	3章、5章
⑨可能な範囲で遅刻者が出ないような手段を講じる	遅刻者が入ってくることによる中断を防ぐために、遅刻したら部屋には入れないようにする。または遅刻したメンバーとミーティング後に個別に話をする。	4章
⑩遠隔地にいるメンバーに出てもらう必要があるのなら、テクノロジーを駆使して出席できるようにする＊	通信技術などのテクノロジーを活用してできるだけ多くの人が出席できるようにする。その場にいない人、いつもミーティングのためだけに移動している人のために、音声やビデオの技術を使って、できるだけ仕事に支障が出ない形で出席できるようにする。	10章
⑪議論の妨げになるような電子機器の持ち込みを禁止する＊	集中の妨げになる電子機器は持ち込み禁止にする。入口で携帯電話を回収するなどの対策を検討する。そこまでしないにしても、とにかく「禁止」という決まりは作る。	7章、8章、10章
⑫マインドフルネスのテクニックを活用して、ミーティング開始時から集中力を高める	ミーティングの冒頭でマインドフルネスのテクニックを使う。たった数分でもかまわない。	なし
⑬出席者を一人ひとり出迎える	出席者を一人ひとり出迎える。声をかけ、近況を尋ね、相手を気にかけていることを態度で示す。	8章
⑭会話のきっかけを作るテクニックを活用する	会話のきっかけを作るシンプルなテクニックを活用する。「自分の考える最高の映画とその理由は？」などの質問で、メンバーの創造性を刺激する。	5章、8章
⑮メンバーをほめる	冒頭でまずメンバーの仕事や功績を讃える。	5章

ミーティングの「終わり方」に関するアイデア

アイデア	アンケートの回答例	関連する章
㉚終了時間を守る＊	アジェンダとスケジュールを頼りに、すべての必要な議題を話し合う。しかし、あらかじめ決められた終了時間を超えて出席者を拘束してはならない。	4章
㉛議題がすべて片づいたら終了時間前でも終わりにする	アジェンダがすべて完了したら、そこでミーティングを終わりにする。残りの時間に追加の議題を詰め込もうとしてはいけない。	4章
㉜全員が納得できる形で作業を割り当てる	取り組み事項のリストを作り、ドキュメントの共有機能などを使って項目を順次追加していく。誰がどの作業の責任者で、締め切りはいつで、どんな結果が期待されているのかということを、誰でもわかるように明確化する。	5章
㉝ミーティングのまとめを配り、出席者が後から内容を振り返れるようにする	ミーティングで話し合ったことや決まったこと、取り組み事項をメールで送信する。ミーティングの出席者だけでなく、議題に関係がある人全員に送る。「まとめの内容に間違いがあったら指摘してほしい」という言葉も添える。	6章
㉞ポジティブな雰囲気で終わりにする	出席者がポジティブな気持ちでミーティングを終えられるようにする。「ミーティングの終わりでランチをごちそうする」「気楽な会話でお互いの絆を深める」などの方法を検討するといいかもしれない。	8章

注：アスタリスク（＊）は多かった意見

㉔発言するのが苦手な人、他の出席者の陰に隠れがちな人から意見を求める＊	積極的な性格ではないが、貴重な意見を持っている人の声を大切にする。彼らの能動的な参加を促す。	3章、5章、7章、8章、9章
㉕反論や違う意見を歓迎する	議論によっては、あえて反対意見を述べる。その役を他の人にやってもらってもいい。それぞれが自分の先入観や固定観念を疑い、独創的な思考を目指せるような環境を作る。	3章、8章、9章、ツール「ミーティング運営チェックリスト」
㉖会話が脇道にそれたとき、非生産的な流れになったときは、巧みに会話の流れを変える＊	ミーティングの目標とは関係のない会話になったら、リーダーは適切なテクニックを用いて会話の流れを変える。もしそれが適切なら、その議題をいったん〝駐車〟して後で戻ってくるか、あるいは次回以降のミーティングに先送りする。このやり方を**「駐車場のテクニック」**と呼ぶ。	3章、4章、ツール「ミーティング運営チェックリスト」
㉗可能なかぎりあらかじめ決めておいた時間配分を守る＊	アジェンダで決めた通りにミーティングを進行する。開始時間を守り、終了時間が近づいたら結論を出すように促す。	4章
㉘リーダーよりもメンバーの功績を讃える	メンバーの積極的な参加を促す。リーダーではなくメンバーの貢献によってミーティングが成功したときは、それを認めて賞賛する。	3章、ツール「ミーティング運営チェックリスト」
㉙ミーティングでフィードバックを集める	ミーティングを通してメンバーからフィードバックを求め、解決すべき疑問があるか（そして何人がその疑問を持っているか）確認する。もっとも効率的に進められる方法について投票する。「クリッカー」のようなテクノロジーを活用して、匿名で投票できるようにするといい。	8章、9章、ツール「ミーティング運営チェックリスト」

注：アスタリスク（＊）は多かった意見

㊷十分なトレーニングを提供する	リーダーとメンバーの両方にスキルのトレーニングを提供する。学術研究のプログラムやインターネットで提供されているシミュレーションを活用し、より能動的にトレーニングできる機会を与える。	3章
㊸リーダーと出席者の両方に、ミーティングに関する行動へのしっかりしたフィードバックを与える	外部の人間の客観的な視点、そして出席者の視点のフィードバックを集める。ミーティングの録画や録音といったデータも活用する。集めた情報を、組織レベルのリーダー育成に生かす。	3章、8章
㊹リーダーの革新的な試みを推奨し、新しいことに挑戦するよう促す	組織の価値観や文化を活用して、ミーティングに期待することを確立する。期待は毎回メンバーに伝える。イノベーションを奨励し、なおかつイノベーションがうまくいかなかったケースは「学習の機会」として活用する。	4章、9章、11章

注：アスタリスク（*）は多かった意見

「組織の方針」や「実践」に関するアイデア

アイデア	アンケートの回答例	関連する章
㉟ミーティングの長さと頻度を減らす（それが適切であるなら）＊	ミーティングが短く、回数が少ないことを組織の新しいスタンダードにする。部署ごとに適切な長さと回数を定期的に再検討する（半年ごと、など）。	4章
㊱全員に適用される遅刻に関する決まりを作る	リーダーの裁量に任せず、組織全体に共通する遅刻に関する決まりを作る（「遅刻した者は出席できない」など）。	なし
㊲ミーティングのための曜日と時間を決める。またはミーティングをしない曜日と時間を決める＊	絶対にミーティングを行わない時間や曜日を決める（「金曜日はノーミーティングデー」など）。こうすれば、従業員は「その日は邪魔が入らずに仕事ができる」とわかる。それに加えて、ミーティングのためだけの時間や曜日も決め、予定を立てやすくする。	4章
㊳「適切なサイズ」という概念をミーティングにも適用する＊	ミーティングの大きさの基準値を決める。人数はできるだけ少なく、必要最小限にとどめることを目指す。	6章
㊴「ハドル」を活用する	「短いハドル」を活用し、部署間で情報共有ができるようにする。	3章、4章
㊵キリのいい時間にこだわらずにミーティングの時間を決める（10分減らす、など）＊	ミーティング間の移動時間、休憩時間まで考えてスケジュールを組む。30分や60分というよくある枠組みにとらわれず、たとえば50分のミーティングなどを採用する。	4章
㊶組織全体の方針や期待を全従業員が見られるようにする	ミーティングに期待されていることを組織の全員で共有し、理解する。「会議室にミーティングのルールを貼り出す」「期待されていることを視覚化して、社内のいたるところで見えるようにする」などの方法がある。	7章

謝辞

私はこれまでの人生で、私を支え、そして私の仕事を支えてくれる大勢のすばらしい人たちに恵まれた。

この本の表紙には私の名前が書かれているが、もちろん私一人の力で書いたのではない。

何よりもまず、私のエージェントで、マーサル・リヨン文芸エージェンシーのジル・マーサルに感謝を。彼女はこの本を信じ、有能なプロとして私を導いてくれた。

次にオックスフォード大学出版局シニア・エディターのアビー・グロスに感謝を。彼女はこの本のコンセプトを全面的に支持し、いつでも私を優しく支え、鋭い洞察を提供してくれた。アビーのおかげでこの本がより向上したことは間違いない！

執筆当初から優秀な博士課程の学生たちに力を借りることができたのは幸運だった。マイルズ・モフィットとクレア・アッパーガーの鋭い視点と強力なインプットに感謝する。そしてリア・ウィリアムズとケルシー・グルニエには心からの特別な感謝を。自分の教え子から何かを学ぶというのはすばらしいことだ。最初のページから最後のページまで、2

人の貴重なフィードバック、編集スキル、的確なコメントの恩恵を受けている。2人のおかげで本書のレベルがさらに向上したことは間違いない。

さらに、メンターの一人であるジョン・ケロ博士にも感謝を。本書の草稿を読んでくれただけでなく、現場で活躍する研究者のお手本として多くの刺激を与えてくれた。

人生のパートナーであるサンディ・ロゲルバーグに大きな感謝を。このプロジェクトを初日から支え、すべての章を読んで鋭い指摘と的確なコメントを提供してくれた。彼女のおかげで本書の内容が大幅に向上したことはいうまでもない。

そしてもちろん、両親の存在も忘れるわけにはいかない。彼らがしてくれたことのすべてに感謝している。それに本書の執筆が決まると、自分たちの悲喜こもごものミーティング体験を話してくれた。

そしてサーシャとゴードン。わが家の家族ミーティングのすべてを耐え抜いてくれてどうもありがとう。2人とも心から愛しているよ。

ツール1

ミーティング価値評価:無駄な時間指数の計算式

「どのくらい無駄なMTGか」数字でわかる

このツールの使い方

これは自分のミーティングを振り返るためのツールだ。ネガティブなことが起こった時間、または存在した時間が、ミーティング全体の何%になるか計算する。こまかい数字を出す必要はなく、10%刻みぐらいで問題ない。あまり考えすぎないように。

セクション1:過去1か月のミーティングを振り返り、準備段階で以下のことが起こった割合を答える。		
ミーティングの準備		あてはまる割合(%)
1	「ミーティングの目的」が明確には定義されていない	
2	出席者がアジェンダへの意見を出していない	
3	出席者が事前にアジェンダを受け取っていない	
4	「必要なもの」が事前に配られていない	
5	「議題に関係のあるすべての人」が呼ばれていない	
6	「出席者」が多すぎる	
7	目的から考えて「必要のない人」が呼ばれている	
8	「場所やテクノロジーの問題」で有意義な会話が妨げられる	
8項目の合計		%
8項目の平均		%

セクション2:「時間」「人間関係」「議論」の3つの観点から、ミーティングそのものを評価する。過去1か月のミーティングを振り返り、あてはまる割合を答える。

ミーティングの評価:時間		あてはまる割合(%)
1	「開始時間」が遅れた	
2	「遅刻者」がいた	
3	「準備不足の出席者」がいた	
4	「リーダー」が準備不足だった	
5	「必要以上の時間」をミーティングに割り当てていた	
6	時間を「有効」に使えなかった	
7	時間が足りず「急ぎ足」で終わらせた	
8	「終了時間」が遅れた	
9	「本当に必要なミーティング」ではなかった	
9項目の合計		%
9項目の平均		%

ミーティングの評価:人間関係		あてはまる割合(%)
1	出席者の「多様な意見」が十分に考慮されない	
2	お互いにきちんと話を聞いていない	
3	一部の出席者が会話を独占し、「発言できない人」がいる	
4	出席者間の「意見の相違」が、生産性を下げている	
5	お互いに「敬意」を持って接していない	
6	「不平不満」が多い	
7	新しいアイデアや考え方に対して「閉鎖的」	
7項目の合計		%
7項目の平均		%

ミーティングの評価：議論		あてはまる割合（%）
1	出席者が「本音」を語らない	
2	出席者が発言を推奨されているような雰囲気ではない	
3	議論が「堂々巡り」で前に進まない	
4	「本筋とは関係のない話」に流れていく	
5	「小さなグループ内」で関係のない話が始まり、議論の妨げになる	
6	ミーティング中に「マルチタスク」をする（スマホを見る、など）	
7	出席者がミーティングに「集中」していない	
8	適切な分析と考えに基づく「意思決定」にいたらない	
8項目の合計		%
8項目の平均		%

セクション3：ミーティングの終わり方、ミーティング後の行動を評価する。過去1か月のミーティングであてはまる割合を答える。		
ミーティング後		あてはまる割合（%）
1	ミーティングが終わっても、具体的な取り組み事項も、それぞれの責任者もはっきりしない	
2	ミーティング後に内容をまとめて確認することがない	
3	メンバーそれぞれがするべきことをリーダーが確認しない	
4	メンバーが自分のするべきことを実行しない	
5	ミーティングの質を評価する試みがない	
5項目の合計		%
5項目の平均		%

すべての平均を合計する	
ミーティングの準備	
ミーティングの評価:時間	
ミーティングの評価:人間関係	
ミーティングの評価:議論	
ミーティング後	
5つのカテゴリーすべての合計	%
5つのカテゴリーの平均	%

最後の表で計算した「5つのカテゴリーの平均」が、無駄になったミーティングへの投資を表す「無駄な時間指数」だ。

私の経験をもとにそれぞれの数字を解釈すると、次のようになる。

・0～20%：あなたのミーティングはきわめて生産的だ。改善の余地はあるが、「平均点以上」であることは間違いない。

・21～40%：うまくいくときもあれば、いかないときもあるという状態。かなりの時間が無駄になっている。改善の必要があるが、悲しいことにこれが平均点だ。

・41%以上：かなりの改善が必要な状態。「平均以下」の点数だ。

ツール2

「エンゲージメント調査」と「360度フィードバック」の質問サンプル

「ミーティングを回す能力」を測る

「エンゲージメント調査」の質問サンプル

　チーム内、部署内、組織全体、またはそのすべてにおけるミーティングの回数と質に焦点を当てた質問。あるいは、リーダー（もしくは同僚）ごとのミーティングを仕切るスキルや態度に焦点を当てた質問でもいい。質問のサンプルは次の通りだ。それぞれ「強く同意する」から「まったく同意しない」までの範囲で答える。

・「私の上司」はミーティングを効果的に運営している
・「私の同僚」はミーティングを効果的に運営している
・自分の部署内のミーティングは、だいたいにおいて興味を持って「出席」している
・自分の部署内のミーティングは、だいたいにおいて「うまく運営」されている
・自分の部署内のミーティングは、だいたいにおいて「必要」だ
・ミーティングの出席者はいつも「本当に出席する必要がある人」たちだけだ

「360度フィードバック」の質問サンプル

　評価される人物の全般的なリーダーシップスキルについて尋ねてもいいし、またはある特定のミーティングにおける振る舞いについて尋ねてもいい。ここでもまた、「強く同意する」から「まったく同意しない」までの範囲で答える。いくつか質問の例を挙げよう。

■「同僚X」について

・ミーティングを効果的に運営できる
・ミーティング前に「アジェンダ」を出席者に提供する
・「事前」にアジェンダについての意見を募る
・取り組み事項を記録し、決められたことを実行する
・ミーティングの時間を使って「重要な案件」を話し合う
・「議論の流れ」を途切れさせない
・「話し合う必要のある議題」をきちんとカバーする
・出席者に対し、議論への「積極的な参加」を促す
・「反対意見を述べやすい環境」を維持する
・ミーティング中に「人の話」をよく聞く
・「誰か一人」に発言を独占させない
・事前に「ミーティングの計画」をきちんと立てている

ツール3

ミーティング運営チェックリスト

こうやって進む

タイムマネジメント

・アジェンダの全体像を意識しながら、「時間配分」と「ペース」に気を配る。出席者の集中力や疲労度を注視し、必要なら「休憩」を入れる。

・議論の中から「重要な議題」が浮かび上がったら、その問題をどうするかきちんと考える。次回以降のミーティングで時間を取る必要があるかもしれない。

・「議論の流れ」を途切れさせない（話が本筋を離れたら、それに気づき、戻す）。

アクティブリスニング（積極的傾聴）

・誰かが話しているときに、自分が「アクティブリスニング」を実践する（相手の話を本当の意味で理解する）。「質の高い質問」をして理解を深める。

・内容の確認や要約を活用し、「すべての人」がプロセスや議論をきちんと理解できるようにする。

・相手の話に耳を傾け、「言外の懸念」や「心配事」を読み取って指摘する。そして、相手がそれらの問題に建設的に対処できるようにする。

・「議事録を取る係」と緊密に連携し、必要な事柄がすべて記録されるようにする。そして最後に出席者の全員に記録を見せ、間違いがないことを確認する。

コンフリクトマネジメント（衝突を管理する）

・「意見の相違」を歓迎する（「このアイデアについて反論があった

ら出してほしい」)。それぞれの意見を尊重し、よりよいパフォーマンスと意思決定につながるように議論を進める(「この点については意見は一致しているが、あの点について話し合いが必要だ」)。個人攻撃は一切許容せず、すぐに建設的な話し合いに戻す。
・「反対意見を言いやすい環境」を維持する(違う視点を提供してくれたことに感謝する、など)。議論を歓迎する。
・お互いへの敬意に欠けた言動があれば、「会話の流れを変える」「建設的な議論を促す」「ミーティングの規則を思い出させる」などの方法ですぐに対処する。

「能動的な参加」を促す

・出席者の意見を引き出す(まだ意見を出していない人に「考えを聞かせてほしい」と声をかける、など)。「発言したそうな人」を心にとめ、後で発言の機会を与える。
・誰か一人が会話を独占しないように、「ボディ・ランゲージ」を使ったり(制止するような手の動き、など)、発言を終わりにする「合図」を出したりする(「意見をありがとう」など)。
・発言を管理して、「関係のない話」が始まらないようにする。

「合意」を目指す

・結論を出せるか試してみて、それぞれの考えを探る(ただし、時間的な制約がないのなら、まだ議論が熟していないのに無理に結論を出そうとしてはいけない)。
・出席者の反応に気を配り、「ミーティングがうまくいっているか」「卓越した意思決定に向かっているか」判断する。
・リーダーシップを発揮して、「議論を引っ張るとき」(メンバーの集中力が落ちた、他人の発言にかぶせて発言する、など)と「自然な流れに任せるとき」を見極める。
・リーダーの役割は「会話の誠実な仲介者」であり、リーダーだからという理由でその人の視点が優先されることはない。リーダーの意見も、「ただの一意見」にすぎないということを徹底する。

ツール4

「ハドル」導入チェックリスト

偉大な「小さなミーティング」

ハドルでよく使われる議題

何が起こり、何が成功したか ・昨日から今日までの間に何を達成したか? ・昨日から今日までの間に何を完成させたか? ・全員に知らせるべき「自分の勝利」、または「チームの勝利」はあるか? ・クライアントに関する重要な最新情報はあるか?	**これから何が起こるか?** ・今日は何に取り組むか? ・今日の最優先事項は何か? ・今日の仕事でいちばん大切なことは何か? ・今日、または今週の優先事項トップ3は何か?
カギとなる評価基準 ・自分たちの仕事を「会社のトップ3の評価基準」に照らし合わせるとどうなるか? ・自分たちの仕事を「チームのトップ3の評価基準」に照らし合わせるとどうなるか?	**障害** ・あなたの前進を妨げている障害は何か? ・何か行き詰まっていることはあるか? ・チームの力で取り除ける障害はあるか? ・あなたの前進を遅らせているような要素はあるか?

ハドルを導入する——チェックリスト

■いつ、どこで、どうやって?

______ 長さは10分か15分

______ 毎日(または一日おき)同じ時間に行う

______ 「午前中」がもっとも適した時間

______ 一般的にいつも「同じ場所」で行う

______ 可能なら「立ったまま」行う

■正しい進め方

______「開始時間」と「終了時間」を守る

______ハドルの目的と、それを達成しなければならない理由を全員に徹底する

______ハドルの「ルール」を決める（発言は簡潔に、など）

______ハドルのルールを「全員」に徹底する

______さらに議論が必要になったら「マジック・タイム」を活用する

______定期的にハドルの有効性を評価する

■参加を促す

______ハドルの進め方について「他の人の意見」を聞く

______たいていはいつも「同じ人」で集まる

______基本的に出席は「義務」

______出張などでその場にいないときは「遠隔地」から出席する

______リーダーと出席者だけの会話にならないように、「出席者同士の会話」も促す

______ときどきリーダー役を「持ち回り」にする

■最後の味つけ

______ハドルを楽しむ

ツール5

「アジェンダ」のテンプレート

この「流れ」に従えばいい

アジェンダ

日付:
時間:
場所:

このミーティングの主な目標(または絶対に決めなければならないこと)

1.

2.

3.

議題1:

■**概要**

進め方:

準備:

時間(時間配分を決めるなら):

議題2:

■**概要**

進め方:

準備:

時間(時間配分を決めるなら):

議題3：

■ **概要**

進め方:

準備:

時間(時間配分を決めるなら):

議題4：

■ **概要**

進め方:

準備:

時間(時間配分を決めるなら):

まとめ

・ミーティングで決まった大切なこと

・取り組み事項と、それぞれの責任者

・次回のミーティングに向けたメモ(次回話し合う議題、など)

ツール6

「議事録」の書き方

メモすることリスト

- ☐重要な事実や決定事項を書く。「誰が」「何を」「いつ」「どこで」など。
- ☐重要な意思決定や行動プランを記録する。
- ☐ミーティング中に出た「質問」と「その答え」、メンバーが提案した「アイデア」を書く。
- ☐独自の速記法を確立する。複数の人が書き込める「議事録用のソフト」（グーグル・ドキュメントなど）を活用する。
- ☐重要事項が「一目」でわかるようにする。誰の利益にもならないような雑談や情報は記録しない。
- ☐議事録の係を決める。係を「持ち回り制」にする、または「複数の担当者」を決める。
- ☐議事録係とミーティングのリーダーは「別の人物」にする。
- ☐ミーティングの「日付」「出席者」「主要な目的」を記録する。
- ☐取り組み事項ごとに「担当者」を決め、議事録に記入する。担当者は全員にわかるように発表し、最後まで責任を持って取り組ませるようにする。
- ☐ミーティング後すぐに議事録を見直し、わかりにくい表現を直したり、間違いを正したり、抜けを補ったりする。
- ☐ミーティング後すぐ、まだ記憶が新しいうちに議事録を配る。そうすることで各作業の担当者が自分の仕事を忘れにくくなる。
- ☐議事録を保管する場所を決め、メンバー全員に知らせる（たとえば、Dropbox、Slackなどのファイル保管ソフト）。

ツール7

簡単アンケート「あなたがミーティングに期待するものは?」

本気度が伝わる副次的効果も

　私の望みは、ミーティングがメンバー全員にとって有意義な時間になることです。その目標を達成するために、1分で終わる短いアンケートを用意しました。このアンケートにかける1分が、多大な時間の節約につながることを願っています。回答にはすべて目を通し、何らかの共通のテーマを探るとともに、集計結果をみなさんにお知らせします。

①ミーティングのリーダーである「私」に望むもっとも大切なことは何ですか?　あなたはリーダーに何を期待しますか?

②「他の出席者」に望むもっとも大切なことは何ですか?　あなたは他の出席者に何を期待しますか?

③可能なかぎり最高のミーティングを実現するために、他に何かアドバイス、またはぜひ伝えたいことはありますか?

参考文献

1章 「ミーティングが多すぎる」

Caruth, R. L., & Caruth, G. D. (2012). Three prongs to manage meetings. *Industrial Management*, 12–15. Retrieved from https://www.questia.com/magazine/1P3-2849387751/ three-prongs-to-manage-meetings

Doyle, M., & Straus, D. (1976). *How to make meetings work*. New York: Jove Books.（『会議が絶対うまくいく法：ファシリテーター、問題解決、プレゼンテーションのコツ』マイケル・ドイル、デイヴィッド・ストラウス著、斎藤聖美訳、日本経済新聞社、2003.6）

Executive Time Use Project. (2018). Retrieved from http://sticerd.lse.ac.uk/ExecutiveTimeUse/

Infocom. (n.d.). *Meetings in America: A study of trends, costs, and attitudes toward business travel and teleconferencing, and their impact on productivity*. Retrieved from https:// e- meetings. verizonbusiness.com/global/en/meetingsinamerica/uswhitepaper.php

Keith, E. (2015, December 4). *55 million: A fresh look at the number, effectiveness, and cost of meetings in the U.S.* [Web log post].Retrieved from http://blog.lucidmeetings.com/blog/fresh-look-number-effectiveness-cost-meetings-in-us

Malouff, J. M., Calic, C., McGrory, C. M., Murrell, R. L., & Schutte, N. S.(2012). Evidence for a needs-based model of organizational-meeting leadership. *Current Psychology*, 31(1), 35– 48.

Microsoft. (2005, March 15). *Survey finds workers average only three productive days per week*. Retrieved from https://news.microsoft.com/2005/03/15/survey-finds-workers-average-only-three-productive-days-per-week/#sm.000006b85d5gudfpus7ro3hcg3jiy

Perlow, L. A., Hadley, C. N., & Eun, E. (2017). Stop the meeting madness. *Harvard Business Review*, 95(4), 62– 69.

Rogelberg, S. G., Shanock, L. R., & Scott, C. W. (2012). Wasted time and money in meetings: Increasing return on investment. *Small Group Research*, 43(2), 236–45. doi:10.1177/1046496411429170

Romano, N. C., & Nunamaker, J. F. (2001, January). Meeting analysis: Findings from research and practice. In *System Sciences, 2001. Proceedings of the 34th Annual Hawaii International Conference on System Sciences*, Maui, Hawaii. doi:10.1109/HICSS.2001.

2章 ないと「ない」で問題

Allen, J. A., & Rogelberg, S. G. (2013). Manager-led group meetings: A context for promoting employee engagement. *Group & Organization Management*, 38(5), 543–569.

Barsade, S. G. (2002). The ripple effect: Emotional contagion and its influence on group behavior. *Administrative Science Quarterly*, 47(4), 644–675.

Bluedorn, A. C., Turban, D. C., & Love, M. S. (1999). The effects of stand-up and sit-down meeting formats on meeting outcomes. *Journal of Applied Psychology*, 84(2), 277–285.

Goldman, J. (2016, March 21). 13 insightful quotes from Intel visionary Andy Grove. *Inc.* http://www.inc.com/jeremy-goldman/13-insightful-quotes-from-intel-visionary-andy-grove.html

Rogelberg, S. G., Leach, D. J., Warr, P. B., & Burnfield, J. L. (2006). "Not another meeting!" Are meeting time demands related to employee well-being? *Journal of Applied Psychology*, 91(1), 83–96.

3章　仕切り役に起きる「妄想」

Cohen, J. (2016, September 12). Use subtle cues to encourage better meetings. *Harvard Business Review*. Retrieved from https://hbr.org/2016/09/use-subtle-cues-to-encourage-better-meetings

College Board. (1976–1977). *Student descriptive questionnaire*. Princeton, NJ: Educational Testing Service.

Cross, K. P. (1977). Not can, but will college teaching be improved? *New Directions for Higher Education*, 1977(17), 1–15.

Flaum, J. P. (2009). When it comes to business leadership, nice guys finish first. *Talent Management Online*.

Grant, A. (2013, April). In the company of givers and takers. *Harvard Business Review*. Retrieved from https://hbr.org/2013/04/in-the-company-of-givers-and-takers

Infocom. (n.d.). *Meetings in America: A study of trends, costs, and attitudes toward business travel and teleconferencing, and their impact on productivity*. Retrieved from https://e-meetings.verizonbusiness.com/global/en/meetingsinamerica/uswhitepaper.php

Malouff, J. M., Calic, A., McGrory, C. M., Murrell, R. L., & Schutte, N. S. (2012). Evidence for a needs-based model of organizational-meeting leadership. *Current Psychology*, 31(1), 35– 48.

Myers, D. G. (1995). Humility: Theology meets psychology. *Reformed Review*, 48(3), 195–206.

Sedikides, C., Gaertner, L., & Vevea, J. L. (2005). Pancultural self-enhancement reloaded: A meta-analytic reply to Heine (2005). *Journal of Personality and Social Psychology*, 89(4), 539–551.

Sedikides, C., Meek, R., Alicke, M. D., & Taylor, S. (2014). Behind bars but above the bar: Prisoners consider themselves more prosocial than non-prisoners. *British Journal of Social Psychology*, 53(2), 396–403.

4章　48分間のミーティング

Bryan, J. F., & Locke, E. A. (1967). Parkinson's law as a goal-setting phenomenon. *Organizational Behavior and Human Performance*, 2(3), 258–275.

Buchanan, L. (2007, November 1). The art of the huddle. *Inc*. Retrieved from http://www.inc.com/magazine/20071101/the-art-of-the-huddle. html

D'Alessio, S. J., & Stolzenberg, L. (1997). The effect of available capacity on jail incarceration: An empirical test of Parkinson's law. *Journal of Criminal Justice*, 25(4), 279–288.

Parkinson, C. N., & Osborn, R. C. (1957). *Parkinson's law, and other studies in administration* (Vol. 24). Boston: Houghton Mifflin. Also see http://www.economist.com/node/14116121

Satish, U., Mendell, M. J., Shekhar, K., Hotchi, T., Sullivan, D., Streufert, S., & Fisk, W. J. (2012). Is CO_2 an indoor pollutant? Direct effects of low-to-moderate CO_2 concentrations on human decision-making performance. *Environmental Health Perspectives*, 120(12), 1671–1677.

5章　アジェンダ神話

Littlepage, G. E., & Poole, J. R. (1993). Time allocation in decision making groups. *Journal of Social Behavior and Personality*, 8(4), 663–672.

Mankins, M. C. (2004). Stop wasting valuable time. *Harvard Business Review*, 82(9), 58–67.

6章 「人数」の科学

Aubé, C., Rousseau, V., & Tremblay, S. (2011). Team size and quality of group experience: The more the merrier? *Group Dynamics: Theory, Research, and Practice*, 15(4), 357–375.

Gallo, C. (2006, September 27). How to run a meeting like Google. *Bloomberg*, https://www.bloomberg.com/news/articles/2006-09-26/ how-to-run-a-meeting-like-google

Guéguen, N., Dupré, M., Georget, P., & Sénémeaud, C. (2015). Commitment, crime, and the responsive bystander: Effect of the commitment form and conformism. *Psychology, Crime & Law*, 21(1), 1–8.

Harvard Business Review. (2014). *Running meetings (20-minute manager series)* [R-reader version]. Retrieved from https://hbr.org/product/running-meetings-20-minute-manager-series/17003E-KND-ENG

Ingham, A. G., Levinger, G., Graves, J., & Peckham, V. (1974). The Ringelmann effect: Studies of group size and group performance. *Journal of Experimental Social Psychology*, 10(4), 371–384.

7章 「マンネリ化」は不可避？

Bluedorn, A. C., Turban, D. B., & Love, M. S. (1999). The effects of stand-up and sit-down meeting formats on meeting outcomes. *Journal of Applied Psychology*, 84(2), 277–285.

Clayton, R., Thomas, C., & Smothers, J. (2015, August 5). How to do walking meetings right. *Harvard Business Review*. Retrieved from https://hbr.org/2015/08/how-to-do-walking-meetings-right

Economy, P. (2017, May 1). 7 powerful reasons to take your next meeting for a walk. *Inc*. Retrieved from https://www.inc.com/peter-economy/7-powerful-reasons-to-take-your-next-meeting-for-a-walk.html

Knight, A. P., & Baer, M. (2014). Get up, stand up: The effects of a non-sedentary workspace on information elaboration and group performance. *Social Psychological and Personality Science*, 5(8), 910–917.

Neal, D. T., Wood, W., & Quinn, J. M. (2006). Habits—A repeat performance. *Current Directions in Psychological Science*, 15(4), 198–202.

Oppezzo, M., & Schwartz, D. L. (2014). Give your ideas some legs: The positive effect of walking on creative thinking. *Journal of Experimental Psychology: Learning, Memory, and Cognition*, 40(4), 1142–1152.

Veerman, J. L., Healy, G. N., Cobiac, L. J., Vos, T., Winkler, E. A., Owen, N., & Dunstan, D. W. (2011). Television viewing time and reduced life expectancy: A life table analysis. *British Journal of Sports Medicine*, 46(13), 927–930.

8章 「感情」が空気感染する

Grawitch, M. J., Munz, D. C., Elliott, E. K., & Mathis, A. (2003). Promoting creativity in temporary problem-solving groups: The effects of positive mood and autonomy in problem definition on idea-generating performance. *Group Dynamics: Theory, Research, and Practice*, 7(3), 200–213.

Karlesky, M., & Isbister, K. (2014, February). Designing for the physical margins of digital workspaces: Fidget widgets in support of productivity and creativity. In *Proceedings of the 8th International Conference on Tangible, Embedded and Embodied Interaction, Munich, Germany* (pp. 13–20). doi:10.1145/2540930.2540978

Lehmann- Willenbrock, N., & Allen, J. A. (2014). How fun are your meetings? Investigating the relationship between humor patterns in team interactions and team performance. *Journal of Applied Psychology*, 99(6), 1278–1287.

Mueller, P. A., & Oppenheimer, D. M. (2014). The pen is mightier than the keyboard: Advantages of longhand over laptop note taking. *Psychological Science*, 25(6), 1159–1168.

Rogelberg, S. G., Barnes-Farrell, J. L., & Lowe, C. A. (1992). The stepladder technique: An alternative group structure facilitating effective group decision making. *Journal of Applied Psychology*, 77(5), 730–737.

Technology addiction 101. (2015). *Addiction.com*. Retrieved from https://www.addiction.com/addiction-a-to-z/technology-addiction/technology-addiction-101/

Washington, M. C., Okoro, E. A., & Cardon, P. W. (2014). Perceptions of civility for mobile phone use in formal and informal meetings. *Business and Professional Communication Quarterly*, 77(1), 52–64.

Zijlstra, F. R., Waller, M. J., & Phillips, S. I. (2012). Setting the tone: Early interaction patterns in swift-starting teams as a predictor of effectiveness. *European Journal of Work and Organizational Psychology*, 21(5), 749–777.

9章　話し合いパラドックス

Gallupe, R. B., Dennis, A. R., Cooper, W. H., Valacich, J. S., Bastianutti, L. M., & Nunamaker, J. F. (1992). Electronic brainstorming and group size. *Academy of Management Journal*, 35(2), 350–369.

Heslin, P. A. (2009). Better than brainstorming? Potential contextual boundary conditions to brainwriting for idea generation in organizations. *Journal of Occupational and Organizational Psychology*, 82(1), 129–45.

Rogelberg, S. G., Barnes-Farrell, J. L., & Lowe, C. A. (1992). The stepladder technique: An alternative group structure facilitating effective group decision making. *Journal of Applied Psychology*, 77(5), 730–737.

Stasser, G., & Titus, W. (1985). Pooling of unshared information in group decision making: Biased information sampling during discussion. *Journal of Personality and Social Psychology*, 48(6), 1467–1478.

Williams, K., Harkins, S. G., & Latané, B. (1981). Identifiability as a deterrent to social loafing: Two cheering experiments. *Journal of Personality and Social Psychology*, 40(2), 303–311.

10章　電話会議狂騒曲

Maier, N. R. F., & Hoffman, L. R. (1960). Quality of first and second solutions in group problem solving. *Journal of Applied Psychology*, 44, 278–283.

Mankins, M. (2004, September). Stop wasting valuable time. *Harvard Business Review*. Retrieved from https://hbr.org/2004/09/stop-wasting-valuable-time

Rogelberg, S. G., O'Connor, M. S., & Sederburg, M. (2002). Using the stepladder technique to facilitate the performance of audioconferencing. *Journal of Applied Psychology*, 87(5), 994–1000.

【著　者】

スティーヴン・G・ロゲルバーグ（Steven G. Rogelberg）

ノースカロライナ大学シャーロット校教授。組織科学、経営学、心理学を教える。

国の内外、学問分野を超えた卓越した貢献が認められ、同校で栄誉教授の称号を得る。これまでの出版物の数は100以上にのぼり、現在は組織心理学同盟の事務局長を務める。

また、長年にわたるミーティング研究の功績を認められ、フンボルト賞を授与された。その仕事は、『ロサンゼルス・タイムズ』紙、『ハーバード・ビジネス・レビュー』誌、CBSニュース、『ウォール・ストリート・ジャーナル』紙、『ワシントン・ポスト』紙、『シカゴ・トリビューン』紙、NPR、『ガーディアン』紙、『ナショナル ジオグラフィック』誌、『サイエンティフィック・アメリカン・マインド』誌などのメディアで取り上げられている。

大学での教育と研究に加え、大小さまざまな企業でコンサルティングや講演を定期的に行っている。これまで一緒に仕事をした企業は、IBM、TIAA、プロクター・アンド・ギャンブル、ＶＦコーポレーション、ファミリー・ダラー、シーメンスなど。NPOの運営改善を支援する団体を設立し、現在もトップを務める。この団体が支援するNPOは500以上になる。

【訳　者】
桜田直美（さくらだ・なおみ）
翻訳家。早稲田大学第一文学部卒業。おもな訳書に『こうして、思考は現実になる』『脳は「ものの見方」で進化する』（ともに小社刊）、『アメリカの高校生が学んでいるお金の教科書』（SBクリエイティブ）、『なぜ私は「不可能な依頼」をパーフェクトに実現できるのか？』（大和書房）、『THE CULTURE CODE　最強チームをつくる方法』（かんき出版）などがある。

SUPER MTG
スーパー・ミーティング

2020年1月30日　初版発行
2020年2月25日　第2刷発行

著　者　スティーヴン・G・ロゲルバーグ
訳　者　桜田直美
発行人　植木宣隆
発行所　株式会社サンマーク出版
　　　　東京都新宿区高田馬場2-16-11
　　　　電話　03-5272-3166
印　刷　共同印刷株式会社
製　本　株式会社若林製本工場

定価はカバー、帯に表示してあります。落丁、乱丁本はお取り替えいたします。
ISBN978-4-7631-3794-4　C0030
ホームページ　https://www.sunmark.co.jp